U0639967

船舶航向航迹非线性控制研究

刘文江　著

中国水利水电出版社
www.waterpub.com.cn

·北京·

内 容 提 要

针对不确定性和外界干扰条件下的欠驱动船舶航行控制问题，本书尝试采用自抗扰控制、滑模控制、Backstepping 控制等几种控制算法进行航向航迹控制研究，重点阐述了航向航迹控制算法的实现问题，为提高船舶航行控制系统的鲁棒性提供了新的控制思路和方案。本书成果也可以推广应用于水下潜器、非完整移动机器人等其他具有欠驱动特性的系统中，具有较好的普适性。

本书可作为从事船舶控制工程、控制理论与控制工程相关专业的教师、研究生、高年级本科生的教材与教学用书，亦可作为船舶控制工程研究和设计人员的参考书。

图书在版编目（CIP）数据

船舶航向航迹非线性控制研究/刘文江著. —北京：
中国水利水电出版社，2019. 5 （2025.4重印）
ISBN 978-7-5170-7724-4

Ⅰ.①船… Ⅱ.①刘… Ⅲ.①船舶航行—控制系统—
研究 Ⅳ.①U692.3

中国版本图书馆 CIP 数据核字（2019）第 108983 号

书　　名	船舶航向航迹非线性控制研究 CHUANBO HANGXIANG HANGJI FEIXIANXING KONGZHI YANJIU
作　　者	刘文江　著
出版发行	中国水利水电出版社 （北京市海淀区玉渊潭南路 1 号 D 座　100038） 网址：www. waterpub. com. cn E-mail：sales@ waterpub. com. cn 电话：（010）68367658（营销中心）
经　　售	北京科水图书销售中心（零售） 电话：（010）88383994、63202643、68545874 全国各地新华书店和相关出版物销售网点
排　　版	京华图文制作有限公司
印　　刷	三河市华晨印装有限公司
规　　格	170mm×240mm　16 开本　10.5 印张　194 千字
版　　次	2019 年 5 月第 1 版　2025 年 4 月第 3 次印刷
印　　数	0001—2000 册
定　　价	49.00 元

前　言

随着世界航运业的发展和繁荣，海上交通越来越密集。为了保证航行安全，人们对船舶的运动控制提出了更高的要求。在远洋航行时，为了减轻舵手的劳动强度、缩短航行距离以及减少燃料的消耗，必须准确地控制船舶的航向或航迹；此外，一些特殊作业情况，如海底电缆敷设与维修等，更需要精确的船舶航迹控制。因此，对船舶航向、航迹控制进行研究在理论上和实践上都具有极其重要的意义。

由于船舶运动具有非线性、大时滞、大惯性等特点，又易受风、浪、流等干扰，航行条件（如航速、装载情况和水深等）的变化和测量的不精确性等因素都会使船舶动态产生明显的不确定性。因此，船舶航向、航迹等运动控制是一个复杂的非线性、不确定性控制问题。此外，大多数水面船舶仅装备螺旋桨主推进器和舵装置，当进行航迹控制时，需要控制船舶在航向 ψ 和船舶位置 (x, y) 上进行 3 个自由度的运动，此时的船舶控制系统属于欠驱动系统。欠驱动水面船舶系统是一种典型的二阶非完整约束动力学系统，针对非完整系统发展起来的一些非线性控制方法，如精确线性化、部分反馈线性化、级联系统稳定性分析理论、滑模控制方法等，难以直接应用于船舶的欠驱动控制问题。因此，针对带有不确定性和外界干扰的欠驱动船舶的控制问题已不能只用单纯的一种控制方法解决，寻求新的控制方案以适应实际航行需要已成为近几年船舶运动控制的研究热点。

为了解决含有模型不确定性和外界干扰条件下的欠驱动水面船舶运动控制问题，本书主要完成了以下研究工作：

1) 首先介绍了在本书中涉及的基本知识，包括稳定性理论、滑模控制理论和自抗扰控制技术等，为后续章节的研究奠定基础。其次建立了水面船舶运动数学模型，包括船舶水平面三自由度运动模型、响应型数学模型和海况干扰模型等。建模的目的主要是为研究闭环系统特性提供一个基本的仿真平台，通过仿真研究，评估控制系统的控制性能。

2) 针对船舶航向控制中的不确定性和恶劣的海况干扰，应用 3 种控制策略设计船舶航向控制器：①采用算法简单、抗干扰能力强的自抗扰控制技术设计了船舶航向控制器。针对外界的强干扰以及系统的实际情况，对传统的扩张状态观测器（ESO）进行了改造，使之能够真实地估计出未知扰动并消除测量噪声的影响。针对自抗扰参数难以整定的问题，采取遗传算法进行整定，克服了凑试法的不足。仿真结果证明自抗扰控制技术能够很好地解决不确定性和海况干扰问题。②综合自适应控制、模糊逼近和滑模控制技术应用到船舶航向控制。通过模糊逻辑系统逼近不确定性函数，解决了模型不确定性问题；通过自适应滑模控制解决系统鲁棒性问题；针对滑模控制切换项引起的抖振问题，通过内嵌 PI 控制律代替滑模控制中的切换项，将切换项连续化，解决了滑模抖振。此外，为保证控制输入有界，对自适应算法进行了改进。仿真结果证明，自适应模糊滑模控制（AFSMC）具有很强的鲁棒性。③综合非线性观测器（NDO）、滑模 Backstepping 控制技术应用到船舶航向控制。利用非线性干扰观测器观测系统的不确定性和随机海浪的干扰，在控制中引入等量的补偿，实现对干扰完全抑制。应用滑模反演法设计航向控制器，不仅保证了闭环系统的稳定性，同时很好地克服了系统不确定性问题和外界干扰。

3) 针对船舶航迹控制中的欠驱动性和恶劣的海况干扰，应用 3 种控制策略设计船舶航迹控制器：①采用自抗扰控制技术设计了船舶直线航迹控制器。针对直线航迹控制中的欠驱动特性，采用两个 TD 安排过渡过程，控制律采用两个被控量的误差组合方式，突破了原有自抗扰算法只适用 SISO 系统的限制，解决了欠驱动控制问题。为验证其鲁棒性，在同一条件下和相关文献介绍的算法做了对比仿真，证实了自抗扰控制的强鲁棒性特点。②基于二自由度船舶模型，采用微分同坯变换和 Backstepping 技术，选择系统输出变量为船舶航向和横向位移组合的方式，采用状态反馈设计了舵控制律，解决了系统的欠驱动性和非线性问题。仿真实验验证了该算法的有效性。③LOS（Line-of-sight）导航系统能够把欠驱动系统转变为全驱动系统，从而不受 Brocketts 条件的限制。本书研究了 LOS 导航系统在船舶直线航迹和曲线航迹中的应用，结合滑模控制技术设计了直线航迹控制器；结合 Backstepping 技术，设计了曲线航迹控制器。仿真实验证明了该方法的有效性。

4）简要介绍了船舶航向、航迹自动舵控制系统的实现，介绍了系统的软硬件结构以及系统联调试验的情况和试验结果。

本书成果也可以推广应用于水下潜器、非完整移动机器人等其他具有欠驱动特性的系统中，具有较好的普适性。

作　者
2019 年 2 月

变量及缩略词注释

u ——船舶前进速度

v ——船舶横移速度

w ——船舶垂荡速度

p ——船舶横摇角速度

q ——船舶纵摇角速度

r ——船舶艏摇角速度

I_{xx}，I_{yy}，I_{zz} ——分别为关于 Ox，Oy，Oz 轴的惯性矩

I_{xy}，I_{yz}，I_{xz} ——分别为关于 xy，yz，zx 各平面的惯性积

ψ ——航向角

δ ——舵角

β ——漂角

TD——Tracking-Differentiator，跟踪微分器

ESO——Extended State Observer，扩张状态观测器

NLSEF——Nonlinear Error State Feedback，非线性误差反馈控制

ADRC——Active Disturbance Rejection Control Technique，自抗扰控制技术

AFSMC——Adaptive Fuzzy Sliding Mode Control，滑模变结构控制

NDO——Nonlinear Disturbance Observer，非线性扰动观测器

LOS——Line-of-sight，视线导航

目　　录

第 1 章

绪 论

1.1 研究的意义及选题来源

随着世界经济全球化和贸易自由化的发展，航运业空前发展和繁荣，作为海上主要运输工具的船舶也向大型化和高速化方向发展，海上交通越来越密集，航行安全越来越受到重视，尤其在狭窄海峡、运河以及沿海水域等拥挤和受限水域，安全问题日益突出。为保证航行的安全性，人们对船舶的操纵性能提出了更高的要求。在远洋航行时，为了减轻舵手的劳动强度、尽快到达目的地和减少燃料消耗，必须对船舶进行有效的控制，使船舶自动沿预定航线航行，从而减小偏航值，减少偏航次数。此外，一些特种作业船舶，如石油管道铺设、海底电缆敷设与维修、海洋考察等，也需要精确的船舶航迹控制。由于船舶运动控制的效果决定了船舶的操纵性能，并直接关系到船舶航行的安全性、经济性和跟踪精确性，因此，研制高效、节能、可靠、鲁棒性强的船舶运动控制系统成为各国研究人员的重要课题。

船舶的运动控制问题主要包括：航向的保持和改变控制、航迹保持控制、船舶动力定位控制、减摇鳍控制等[1-2]。船舶运动具有非线性、大时滞、大惯性等特点，又易受风、浪、流等干扰的影响，航行条件（如航速、装载情况和水深等）的变化和测量的不精确性等因素都使船舶动态产生明显的不确定性[3-4]，因此，船舶运动控制是一个复杂的非线性、不确定性系统的控制问题。为了解决船舶运动中的非线性和不确定性问题，近年来，很多新的鲁棒控制理论被运用于船舶运动控制中[5-10]。但这些理论并没有彻底解决上述问题，综合考虑风浪干扰等因素的控制系统至今没有完全实现。所以，对船舶运动控制进行研究并寻求高性能的控制算法一直是研究的热点。

此外，由于大多数水面船舶仅装备螺旋桨主推进器和舵装置，用以推进和操纵船舶，当需要舵装置产生的转舵力矩和螺旋桨的纵向推进力同时控制船舶水平面位置和航向角3个自由度的运动时，此类船舶控制系统属于欠驱动系统[11-13]。这类船舶控制主要用于直接航迹控制、动力定位控制和自动靠离泊位控制等。研究欠驱动系统的控制问题既有理论上的重要价值，又有工程实际中的特殊意义。欠驱动系统可以较少的驱动器来完成复杂的控制任务，这不仅使控制系统结构简化，降低成本，而且降低了故障发生的概率，提高了系统的运行可靠性和易维护性。此外，欠驱动控制可为其对应的完全驱动系统提供一种备份应急控制系统，这对于那些一旦控制器失灵便可能导致灾难性后果的系统，如在恶劣海况中航行的水面船舶和飞行器等具有重要的意义。

我国有辽阔的海域，沿海地区岛礁遍布、水域复杂、内陆水运繁忙，这些都要求高性能的船舶运动控制装备。而国内由于起步较晚，与国外先进水平相比仍有较大的差距。主要表现在：①航向自动舵仍然占主导地位，尚未形成成熟的航迹舵产品；②在控制理论上，虽然国内有关专家提出了一些控制方法，解决了一些问题，但综合考虑不确定性、非线性、外部环境干扰的强鲁棒性的控制策略不多，一些基于模型的控制方法难以奏效。因此，进行船舶航向、航迹控制技术的研究，加快改进我国的自动操舵仪性能迫在眉睫。

目前，我国正在大力开展海洋开发和高性能船舶等领域的研究工作，开发高性能的船舶与海洋工程设备。在"十二五"规划纲要中明确指出了要"提高船舶配套业发展水平和船用设备装船率"。船舶运动控制是船舶自动化的核心内容之一，是海洋资源开发、海上运输和国防建设的需要，是船舶自动化发展的必然要求，对于提高我国造船业和船舶配套业水平具有重要的理论价值和实践意义。

本书的研究内容结合山东省自然科学基金"船舶航向航迹非线性系统自抗扰控制器的研究"（编号 Y2007G36）和山东省自然科学基金课题"船舶动力定位系统自适应模糊滑模控制器的研究"（ZR2011EL021）以及山东省高等学校科技计划项目"基于自适应模糊滑模控制的船舶自动舵控制技术研究"（J11LG76）进行。依托上述项目，对船舶的航向、航迹控制进行了研究。针对船舶非线性、不确定性和外界干扰，提出了自抗扰设计、基于非线性观测器的 Backstepping 设计和自适应模糊滑模控制等多种非线性航向控制器设计方案；针对欠驱动航迹控制，提出了自抗扰直线航迹控制、重定义输出全状态反馈直线航迹控制以及基于视线导航的 Backstepping 曲线航迹控制等多种控制方案。以上研究皆取得了一些有意义的成果。

1.2　船舶航向、航迹控制国内外研究概述

■ 1.2.1　船舶航向控制

船舶航向控制的目标是使船舶沿设定的航向航行。它有两个功能：航向保持和航向改变，前者是使船舶在受到各种扰动时以最小的控制力保持在设定航向上；后者希望以最小的超调迅速、准确地跟踪新的设定航向[14]。

　　船舶航向控制是船舶控制中最基本的控制，也是控制理论应用较早取得较好成果的一个领域。早在 20 世纪 50 年代，基于 PID 方法的自动舵就被设计出来并用于船舶航向控制。由于 PID 调节器不需要详细的有关受控过程的先验知识，且具有结构简单、参数易于调整等特点，PID 舵得到了广泛的认可，几乎所有的船都装有这种操舵仪。但由于船舶动态具有参数不确定性、非结构性的不确定性以及大舵角动作情况下的船舶模型的非线性，使得传统的 PID 的控制性能不理想[3,15]。此外，其对海浪高频干扰的处理，采用人工调节"死区"的方法，易导致控制系统低频特性恶化，产生持续的周期性偏航，降低航行精度，增加燃料消耗。

　　20 世纪 70 年代自适应控制方法被用于船舶航向控制。Amerongen[16-18] 研究了基于模型参考自适应控制自动舵，当时是基于灵敏度模型和 Lyapunov 稳定性方法，并采用模拟电路实现。Kallstrom[15,19] 等研究了基于自校正控制的自动舵，采用了最小方差自校正调节器算法。Ohtsu[20] 于 1979 年提出了基于 AR 模型的二次型性能指标最优的自适应控制方案。国内的张炎华[21-22] 等也研究了自适应理论在船舶操纵中的应用，设计了舵的自适应时间最优控制器，并考虑了工程实现中的鲁棒性问题。自适应自动舵在省时节能方面表现较好，据报道航速可提高 1%～2%，燃料可减少 5% 左右[23]。从理论上讲，自适应控制较适用于缓变干扰下的控制问题，而船舶在风浪中航行，缓变干扰与突变干扰同时存在，所以自适应航向自动舵仍有一些关键问题，如鲁棒性问题需要解决[24-25]。

　　近年来，随着现代控制理论和计算机技术的不断发展，各种新的控制算法应用于船舶航向控制中。如反馈线性化[26]、QFT 控制[27]、广义预测控制[28-29]、LQR 控制[30] 和 LQG 方法[31] 等。然而，这些方法有的对控制对象模型要求较高；有的由于船舶运动系统的非线性和不确定性，控制效果难以保证；有的甚至影响系统的稳定性。为了解决非线性、不确定性问题，很多新的非线性控制技术应用到航向控制。文献［32-34］应用 H_∞ 控制实现了船舶的航向保持控制，但是闭环系统的鲁棒性是通过选择权函数改善开环奇异值频率特性曲线实现的，而权函数的选择非常困难。由于滑模控制（SMC）对系统的不确定性和外部干扰具有强鲁棒性，文献［35-37］应用SMC 实现了船舶的航向或航迹控制，但 SMC 的高频抖振现象难以解决。文献［38-39］采用 Backstepping 技术设计航向控制器，但没有考虑外部海况干扰。

由于实际船舶系统常具有不确定性、非线性和复杂性等特点，很难建立精确的模型方程，而熟练的舵手则能运用他们的经验和智慧对船舶进行有效的控制，因此，人们就开始寻求类似于人工操作的智能控制技术。文献［40-41］设计了一种神经网络控制器实现船舶航向保持，但神经网络控制的泛化能力有待于进一步研究，控制的完备性问题未彻底解决。文献［42-43］采用模糊控制设计了船舶航向控制器，采用模型参考自适应模糊控制方法，建立自适应模糊控制的操舵系统。文献［44］采用模糊和滑模结合的控制策略，通过模糊控制优化控制信号的办法，设计了模糊滑模控制器（FSMC），仿真证明其性能明显优于常规的 SMC 控制。根据万能逼近理论，模糊逻辑能够逼近任意非线性函数，因此模糊控制（FC）非常适合参数未知系统和模型未知系统。文献［45-46］通过采用自适应律调整模糊控制的比例因子的方法，设计了船舶航迹控制器，鲁棒性和抗干扰性明显提高。

上述研究虽然从不同的角度解决了船舶航向控制中的一些问题，但仍留下了一些尚未解决的问题。如何使设计的船舶航向自动舵对不同的航行状态和气候条件变化具有更强的适应性和稳定性，使其在恶劣的海况下仍能正常工作，仍然值得进一步研究。

■ 1.2.2 船舶航迹控制

船舶航迹控制是指在控制系统的驱动下，船舶从任意初始位置驶入预先规划好的航线，并沿此航线最终抵达目的地。通常根据参考轨迹给出的形式，将跟踪问题分为：路径跟踪（Path Following）和轨迹跟踪（Trajotry Track）[13,47-49]。前者给定的参考轨迹与时间无关，后者给定的参考轨迹通常可以表示为时间函数。该问题成为水面船舶运动控制领域的另一主流研究方向。由于海上航行的大多数船舶仅装备了螺旋桨主推进器和舵装置，因此只能依靠舵装置产生的转舵力矩和螺旋桨的纵向推进力控制船舶，使之保持在设定航迹上。换句话说，是依靠推力和转舵力矩这两个独立的控制输入实现船舶航向 ψ 和船舶位置 (x, y) 3 个自由度的控制，因此，船舶航迹控制属于欠驱动控制问题[11-13]。由于欠驱动水面船舶在横向上没有驱动装置，加速度带有不可积的非完整约束条件，并且无法通过坐标变换转换成无漂的链式系统来处理[50]，因此，欠驱动船舶航迹跟踪控制设计非常困难。

从航迹线的几何形状看，航迹跟踪控制可分为直线航迹跟踪控制和曲线航迹跟踪控制两大类。从控制对象的角度说，二者没有本质的不同。从控制器设计的角度说，主要差别在于：直线航迹跟踪控制是在平衡点附近的较小邻域内进行的镇定控制，对模型作一定的线性化处理或忽略横向漂移，在特定的条件下能满足控制要求；但曲线航迹跟踪控制需要考虑船舶的操纵运动，横向漂移不可忽略。

在船舶航迹控制的研究中，主要有输出反馈和状态反馈两大类方法。由于输出反馈控制既不改变系统的能控性，也不改变能观性，且在工程上易于实现，因此研究采用输出反馈进行航迹控制具有实用价值。Godhavn[51]利用反馈线性化和反步法，提出了全局指数跟踪直线和圆弧轨迹的控制器，但控制律要求船舶的前进速度恒正，仅有两个位置变量受控。由于航向角不受控，船舶将在保持期望位置时频繁转向，极端情况下有可能调转船头逆向跟踪期望位置轨迹。随后，Toussaint 等[52]将 Godhavn 的工作推广到一般性作用力驱动下的船舶，通过选择合适的输出，扩展常规反步法修正航向偏差，以跟踪直线轨迹，也能跟踪固定偏差下的圆弧轨迹。但由于受跟踪轨迹类型的限制，该方法仍存在一定的缺陷。文献 [53] 利用非线性观测器提出一种输出反馈控制器，并做了实船模型仿真实验，在风、浪、流干扰下能全局最终跟踪直线轨迹。文献 [54] 通过坐标变换，将虚拟船舶坐标系下的跟踪误差转换为三角形式，消除船舶动力学中的速度交叉项，设计全局指数速度观测器，利用位置和方向的可测量，驱使船舶跟踪直线和圆弧参考轨迹。

状态反馈不改变系统的能控性，但可能改变其能观性，在理论上显得更为理想。Pettersen[55] 提出了基于非线性模型的完全状态跟踪控制器，但只能将全局指数稳定到期望轨迹任意小的邻域内。文献 [56] 基于导航原理中的瞄准线方法选择期望航向角，并将其定义为航迹偏差的函数，使航向角指数收敛。利用艏摇转矩同时控制船舶航向和横偏位移，提出了全状态反馈控制律。Lefeber 等[57] 将跟踪误差动力学划分为两个线性子系统，利用一种简化的全状态反馈控制律，证明其补偿跟踪误差动力学全局 K 指数稳定，并通过实船模型对算法进行验证。然而，在模型中并没有摆脱惯性矩阵、附加质量矩阵和阻尼矩阵都是对角矩阵的假设。此外，文献 [56] 和 [57] 都没有考虑环境干扰的影响。

无论是输出反馈还是状态反馈，为解决船舶航迹控制中固有的非线性、不确定性、欠驱动性以及外部干扰等问题，非线性控制理论都被广泛应用。如 Backstepping 理论[58-61]，基于无源的控制[62-63]，Lyapunov 直接法[64-65]，滑模变结构理论[66-68] 等。

由于智能控制技术（包括专家控制、模糊控制和神经网络控制等）能够很好解决非线性和不确定性等问题，国内外纷纷研究如何把智能控制应用于自动舵设计中。文献［69-71］设计了一种神经网络控制器实现船舶航迹保持的方法，但缺点是实时性差。Parson[72]等提出了一种模糊控制航迹自动舵，与 LQG 控制器比较表明，该控制器具有更为优越的动态特性、更强的抗干扰能力，但控制舵角较大。Jasmin Velagic[46]等提出了自适应模糊控制技术设计航迹保持控制器，仿真说明，与普通的模糊自动舵相比，具有更好的鲁棒性。

大量文献证明，采用单一的控制策略很难解决船舶欠驱动问题和航迹跟踪问题，因此采用混合的控制策略成为重要研究内容。文献［73］首次给出一种基于 Backstepping 设计的船舶直线航迹鲁棒自适应模糊控制算法。该方法不依赖于船舶的数学模型，并且在考虑外界干扰的情况下获得了良好的仿真控制结果。文献［74］综合应用了干扰观测器、坐标变换技术和 Backstepping 控制技术，设计了船舶航迹控制器，仿真结果证明了该方法的有效性。文献［75］则把航迹控制系统转换为两个子系统的级联形式，并采用 Lyapunov 直接法和 Backstepping 控制技术设计了 Point-to-point 航迹控制系统，仿真结果证明该控制系统具有较强的鲁棒性。而文献［76］则综合采用了基于 Line-of-sight 导航（视线导航）的非线性控制方案。该方案有很多优点，如不需要在船上安装额外的硬件设备；在恶劣的海况下具有提高船舶运行效率的潜力等。

同航向控制一样，由于水面船舶航迹控制固有的欠驱动性、非线性、不确定性，以及外部干扰等问题，该系统依然存在很多问题需要研究，仍是一个活跃的研究领域。

1.3　非线性不确定系统的鲁棒控制方法

船舶运动具有非线性、欠驱动性以及大时滞、大惯性等特点，又易受风、浪、流等干扰的影响，航行条件（如航速、装载情况和水深等）的变化和测量的不精确性等因素都使船舶动态产生明显的不确定性，因此，船舶运动控制是一个复杂的非线性、不确定性系统的控制问题。要对船舶运动实现有效控制，必须寻求具有较强鲁棒性和自适应的控制策略，尽可能地减少对船舶动态系统模型信息的依赖，同时保证能在较宽广范围内的稳定性。所谓鲁棒性，是指当用于设计的被控对象的数学模型具有不确定因素时，预先设计不依赖于其不确定性的控制器[77]。所谓自适应性，是指面对客观存在的不确定性，控制系统能自行调整参数或产生控制作用，使系统仍能按某一性能指标运行在最佳状态的一种控制方法。

近几年来，关于非线性、不确定性系统的控制问题得到了很大的重视，原因有以下几个方面：①非线性系统是广泛存在的，线性系统是非线性系统的近似线性化表示；②为了改善现有控制系统的性能；③为了处理模型的不确定性，有意将非线性引入控制系统的控制器部分，以便能够承受模型的不确定性；④对一些特殊形式的不确定非线性系统，非线性控制律的设计可能要比线性控制律的设计简单直观，控制性能更好。针对不确定非线性系统，代表性的结果是基于 Lyapunov 技术的鲁棒控制方法、微分几何控制方法、自适应反演控制方法、滑模变结构控制方法和智能控制方法（神经网络控制、模糊控制、专家控制等），以及自抗扰控制技术等。本书重点介绍研究中用到的主要方法。

▌1.3.1 Lyapunov 技术

自从 Corless 与 Leitmann 将 Lyapunov 稳定性理论引入不确定非线性系统的鲁棒控制设计以来，经过许多控制界专家学者的努力，已经建立了鲁棒控制设计中的一项专门的方法论——Lyapunov 技术。应用 Lyapunov 技术对不确定非线性系统进行鲁棒控制器设计时，有下列几项关键假设：①系统的状态是完全可观测的；②系统的不确定项满足匹配条件；③不确定项的未知元素属于一个已知的紧集，即关于不确定性的上界函数（或 Euclidean 范数）是已知的；④不确定非线性系统的标称模型是稳定的。

近年来，为了放松上述关键性假设条件的限制，进行了大量的研究。对不确定上界未知的情况，进行了自适应鲁棒控制器的设计。另外，在船舶运动控制中，利用 Lyapunov 技术进行鲁棒控制器设计备受关注，已进行了很多研究[64-65]。

▌1.3.2 变结构控制

变结构控制（Variable Structure Control，VSC）是 20 世纪 50 年代由苏联学者埃米李亚诺夫、乌托金等人首先提出的，起源于对继电控制和 Bang-Ban 控制的研究。当时有 3 种方法与变结构有关，但只有带滑动模态的变结构控制由于具有对系统摄动和外界干扰的不变性，从而得到了广泛的关注和应用，因此，通常又被称为滑模控制（Sliding Mode Control，SMC）。VSC 的设计一般分为两个独立的步骤：①选择一个稳定流形或滑动模态超平面；②设计某种控制律将系统状态驱动到该滑动模态上。变结构控制一般以带开关特性的控制律来实现。对于一个理想的变结构系统，假设结构切换具有理想开关特性，系统状态测量准确无误，控制量不受限制，则滑动模态总是降维的光滑运动且渐近稳定于原点，但由于时间滞后、空间滞后、系统惯性等因素的影响，理想的开关特性不可能实现，这样就不可避免地在滑动模态上叠加了一个自振，即所谓的抖振。抖振可能会激起系统高频未建模动态，破坏系统性能，甚至使系统产生振荡或失稳。因此如何削弱并防止抖振的产生，成为人们必须关注的问题。国内外学者从不同角度对此进行了研究，Slotine[78]引入了"准滑动模态"和"边界层"的概念，采用饱和函数代替切换函数，即在边界层外采用正常的滑模控制，在边界层内为连续状态的反馈控制，有效避免或削弱了抖振。高为炳[79]利用趋近率的概念，提出了一种削弱抖振的办法。Yanada[80]设计了带滤波器的变结构控制器，有效地消除了控制信号的抖振。Bartolini[81-84]通过设计切换函数的二阶导数，实现了对带有未建模动态和不确定性机械系统的无抖振滑模控制。张天平[85]提出了一种基于模糊逻辑的连续滑模控制方法，使用连续的模糊逻辑切换代替了原来的开关切换。Morioka[86]等采用神经网络实现了对线性系统的非线性部分、不确定部分和未知外界干扰的在线估计，实现了基于神经网络的等效控制。

此外，变结构控制与其他控制方法的结合也产生了一些新的成果[87-89]，如反演滑模控制、模糊滑模控制、基于干扰估计的滑模控制等。

■ 1.3.3　**Backstepping 控制**[90-92]

反步法实际上是一种由前向后递推的设计方法，它在每一步把状态坐标的变化、不确定参数的自适应调节函数和一个已知的李雅普诺夫函数的虚拟控制系统的镇定函数等联系起来，通过逐步修正设定轨迹与实际轨迹之间的偏差，实现系统的全局调节或跟踪。反步法中引进的虚拟控制本质上是一种静态补偿的思想，前面的子系统必须通过后面子系统的虚拟控制才能达到镇定控制的目的。在反步法设计中，最关键的是构造合理的虚拟控制器，消除不确定性的影响。

反步法给非线性系统的控制带来了一个重大突破，但该方法要求系统结构必须是严参数反馈系统或经变换后可化为该类型的非线性系统。这种方法比较适合在线控制，达到减少在线计算时间的目的。反步法的另一个主要优点是它在避免对消系统中的有用的非线性方面具有灵活性。

在反步法的基础上，考虑到外界干扰的影响，融合自适应控制、鲁棒控制等智能化方法，进一步优化和完善控制器的性能，是下一步需要开展的工作。

■ 1.3.4 自适应技术[91-93]

当被控系统的结构、参数和外界环境发生变化的时候，仅用常规的反馈控制技术不能得到满意的效果，应用自适应控制方法可以消除参数的不确定性，从而提高系统的暂态性能。自适应控制可以分为两类：直接自适应控制和间接自适应控制。间接自适应控制通过在线辨识系统的参数，然后设计合适的控制律；直接自适应控制则是直接对控制器的参数进行调整。自适应控制的很多结果都是基于 Lyapunov 稳定性设计的，其目的是在自适应控制的同时，保持整个系统的稳定性。

对于那些被控制对象特性或扰动特性变化范围很大，同时又要求高性能指标的一类系统，采用自适应控制是合适的。其原因在于自适应控制系统的学习特性，即自适应控制器在自适应过程中能改进其特性。另一个原因是，自适应控制器需要很少的或者不需要有关未知参数的先验知识信息。

有一点需要强调的是，现有非线性系统的自适应控制方法一般都需要进行被控对象动力学方程的线性参数化，即用一组未知参数线性地表述参数的不确定性。在某些情况下，完全线性参数化是不可能的，因此应用模糊控制等智能算法实现对不确定动力学方程的估计就应运而生。

■ 1.3.5 模糊控制技术

1965 年 Zadeh 建立了模糊集理论并得到了较快的发展和实际的应用，成为智能控制领域中的一个重要分支。20 世纪 70 年代中期，以 Mamdani 为代表的一批学者提出了模糊控制的概念，这标志着模糊控制的诞生。模糊控制的基本思想是把专家对特定的被控对象或过程的控制策略总结成一系列以产生"IF（条件）THEN（作用）"表示的控制规则，通过模糊推理得到控制作用集用于被控对象或过程[94]。

大量的实践证明，对于模型未知的系统，模糊控制是一种很有效的控制方法，原因在于模糊逻辑系统可以把专家语言信息融入控制器的设计中，而专家语言信息往往包括大量的系统特性，从而设计的控制器能够对系统进行有效的控制。在一些复杂系统，特别是系统存在不精确和不确定信息的情况下，模糊控制的效果往往优于常规控制。模糊控制存在的一个主要缺点是系统的稳定性难以在理论上给出证明，因此在一些要求较高的工业过程很少采用模糊控制。Wang[95]突破性地在理论上证明了模糊逻辑系统可以作为一种万能逼近器，即模糊逻辑系统具有逼近任意连续函数的能力，提出了万能逼近定理。

然而万能逼近定理仅仅是一个存在性定理，如何找到具有万能逼近性能的模糊逻辑系统，成为模糊逻辑系统在理论上突破的一个关键点。仅靠专家信息来构造模糊规则是不能完全包括系统的动态特性的，考虑到系统信息的另一个重要来源——传感器，于是结合传感器信息和专家信息的模糊逻辑系统——自适应模糊逻辑系统应运而生。一个自适应模糊逻辑系统就是一个具有训练算法的模糊逻辑系统，模糊逻辑系统由一套模糊 IF-THEN 规则构成，训练算法用来调整模糊逻辑系统的参数以降低建模误差。概括来说，自适应模糊系统首先通过从专家经验的语言信息提取的 IF-THEN 规则构成，再由传感器得到的数值信息通过训练算法调整来匹配输入输出数据。自适应模糊逻辑系统可以认为是一种建立系统模型的通用工具，因此在系统模型未知的情况下利用模糊逻辑重构系统模型，而利用变结构控制来保证闭环系统的稳定性。

■1.3.6　自抗扰控制技术

在众多的鲁棒控制理论中，由韩京清[96-98]提出的自抗扰控制（Active Disturbance Rejection Controller，ADRC）越来越受到人们的关注，并取得了相当的成功[99-101]。自抗扰控制器的发展始于一个重要结论：一个系统的积分器串联型结构不仅是线性系统在线性反馈变换下的标准结构，也是一类非线性系统在非线性反馈变换下的标准结构。韩京清等以此结论为基础，经过深入研究，从理论上将它推广到对更为广泛的一类非线性系统进行反馈控制律设计的可能性，他们将这种设计反馈律的方法称为直接反馈线性化方法。实质上就是通过设计恰当的反馈输入来补偿对象的非线性，使之成为积分串联型线性系统进而再进行反馈律设计。通过在控制系统设计中引入一些非线性环节，发现有些非线性环节具有线性结构所没有的好品质，从而产生了"控制系统的非线性设计方法"的思想。

自抗扰控制器是在改进经典 PID 控制器固有缺陷基础上形成的一种新型控制器，该控制器不仅算法简单，而且参数适应范围广，可以对系统的内外扰动进行估计并给予补偿。当被控对象参数发生变化或遇到不确定性扰动时仍能得到很好的控制效果，具有较强的适应性、鲁棒性。因此，自抗扰控制技术在倒立摆控制、机器人控制和感应电机速度控制等方面已得到了成功应用[102-104]，在船舶运动控制方面，也有部分研究[105-106]。

1.4　研究内容以及主要章节安排

针对船舶运动控制系统存在的本质非线性和模型不确定性以及恶劣的环境干扰问题，本书提出了自抗扰控制、自适应模糊滑模控制、Backstepping 控制以及干扰观测器鲁棒控制策略。基于上述控制策略，设计了船舶航向控制器和航迹控制器。所提出方法的主要特点是可克服模型参数不确定性以及外界扰动不确定性的影响，保证了系统的鲁棒性和精确跟踪性。

全书共分为 7 章，具体内容和安排如下。

第 1 章为绪论，说明了本书研究的意义和研究课题的来源，航向、航迹控制国内外研究现状。

第 2 章为预备知识，对本书研究过程中需要的稳定性理论、滑模变结构理论、Backstepping 技术以及自抗扰技术做了简要介绍。

第 3 章建立了研究过程中所使用的船舶运动数学模型，为进行系统仿真搭建了平台。

第 4 章主要研究了船舶航向控制问题。针对船舶运动存在的非线性、不确定性以及恶劣的环境干扰，分别采用自抗扰控制技术、自适应模糊滑模技术以及非线性观测器技术设计了船舶航向鲁棒控制系统。

第 5 章主要研究了船舶直线航迹和曲线航迹的控制问题。针对船舶航迹控制中存在的欠驱动性、非线性等特点，采用自抗扰控制技术、重定义输出变量和 Backstepping 技术设计了直线航迹控制器；基于 LOS 导航系统和滑模控制技术实现了欠驱动直线航迹控制和曲线航迹控制，实现了位置、航向的 3 个自由度的运动控制。

第 6 章为实验和实现。介绍了硬件设计方法和软件设计流程。验证了自抗扰航向控制器和基于 LOS 和滑模航迹控制的有效性。

第 7 章为总结和展望。对所研究的创新点做了概括性描述。指出了本书存在的不足之处和进一步研究的方向。

■ 第 2 章 ■

理论基础

本章简要介绍在本书中涉及的基本知识，包括稳定性理论、滑模控制理论、模糊系统理论和自抗扰控制技术等，为后续章节的研究打下基础。

2.1 Lyapunov 稳定性理论

对一个控制系统来说，在各种性能中首先和最重要的问题是其是否稳定，因为不稳定的系统是不能用的，而且也是危险的。所谓系统的稳定性，是指系统在平衡状态下受到扰动后系统自由运动的性质。稳定性问题是系统自身的一种动态属性，与外部输入无关。它表示系统能妥善地保持预定的工作状态，耐受各种不利因素影响的性质。每一个控制系统，不管是线性的还是非线性的都会遇到稳定性问题，都必须认真研究。

在经典的控制理论中，针对 SISO 系统一般采用根轨迹、奈奎斯特稳定判据来判断系统的稳定性。而研究非线性系统的稳定性，最一般也是最有用的方法是由 19 世纪末俄国数学家 A. M. Lyapunov 引进的稳定性理论。该理论为非线性控制系统的稳定性研究奠定了基础，同时，它也是分析和研究模糊滑模控制系统稳定性的重要工具。作为我们后续理论研究的基础，本节首先讨论 Lyapunov 稳定性理论。

■ 2.1.1 基本概念

设有一动态系统，可以用如下状态方程描述：

$$\dot{\boldsymbol{x}} = \boldsymbol{f}(\boldsymbol{x}(t), t) \tag{2.1}$$

式中，$\boldsymbol{x}(t)$ 为 n 维状态向量，$\boldsymbol{f}(\boldsymbol{x}(t), t)$ 是 n 维函数向量，每一分量 f_i 都是状态 $\boldsymbol{x}(t)$ 和时间 t 的函数。

1. 平衡状态

如果在方程（2.1）中存在 $\boldsymbol{x}_e$，使得对所有的 t 都满足

$$\dot{\boldsymbol{x}}(t) = \boldsymbol{f}(\boldsymbol{x}_e, t) = 0 \tag{2.2}$$

则称 $\boldsymbol{x}_e$ 为系统的平衡状态。对于非线性系统，可以有一个或多个平衡状态，这些平衡状态都是满足（2.2）的解。对系统的任意一个平衡状态，都可以通过坐标变换移到坐标原点。而研究系统的稳定性，就是研究系统在平衡态的稳定性问题，因此可以说，就是研究系统在原点处的稳定性。而对于非线性系统，有多个平衡态，就必须分别研究各个平衡态的稳定性。

2. 稳定性

如果对于任一给定实数 $\varepsilon > 0$，都存在另一个与 ε 取值有关的实数 $\delta(\varepsilon, t_0)$，使得下列不等式成立时，即

$$\| \boldsymbol{x}_0 - \boldsymbol{x}_e \| \leqslant \delta(\varepsilon, t_0) \tag{2.3}$$

就一定有

$$\| \boldsymbol{x}(t; \boldsymbol{x}_0, t_0) - \boldsymbol{x}_e \| \leqslant \varepsilon, \ t \geqslant t_0 \tag{2.4}$$

则称系统（2.1）的平衡状态 $\boldsymbol{x}_e$ 在 Lyapunov 意义下是稳定的。通常 δ 的取值与 ε 和 t_0 有关。如果 δ 与 t_0 无关，则称 $\boldsymbol{x}_e$ 为系统（2.1）的一致稳定的平衡态。

3. 渐近稳定性

如果系统的平衡状态 $\boldsymbol{x}_e$ 在 Lyapunov 意义下是稳定的，而且从与平衡态 $\boldsymbol{x}_e$ 的距离小于等于 δ 的邻域 $s(\delta)$ 出发的任意一条状态转移轨线 $\boldsymbol{x}(t)$，当 t 趋于无穷大时，都趋近于 $\boldsymbol{x}_e$，则称平衡态 $\boldsymbol{x}_e$ 是渐近稳定的。邻域 $s(\delta)$ 就是平衡态 $\boldsymbol{x}_e$ 的渐近稳

定域，从邻域 $s(\delta)$ 外出发的状态转移轨线 $\boldsymbol{x}(t)$ 将不随 t 的增大，无限趋近于 $\boldsymbol{x}_\mathrm{e}$，但是仍可为稳定的，即 $\boldsymbol{x}(t)$ 与 $\boldsymbol{x}_\mathrm{e}$ 的距离小于某一 ε 数。

4. 大范围渐近稳定性

如果从平衡态 $\boldsymbol{x}_\mathrm{e}$ 周围所有状态出发的状态转移轨线都满足渐近稳定性，即随 t 趋于无穷大，$\boldsymbol{x}(t)$ 都无限趋近于 $\boldsymbol{x}_\mathrm{e}$，则 $\boldsymbol{x}_\mathrm{e}$ 就称为是大范围渐近稳定的。

5. 不稳定性

如果对于某个给定的实数 $\delta > 0$，不管实数 δ 取多么小，在 $\boldsymbol{x}_\mathrm{e}$ 的邻域 $s(\delta)$ 内总存在至少一个初始状态 $\boldsymbol{x}_0$，使得从这一状态出发的状态转移轨线 $\boldsymbol{x}(t)$ 与 $\boldsymbol{x}_\mathrm{e}$ 的距离超过给定的 ε，那么，平衡态 $\boldsymbol{x}_\mathrm{e}$ 就称为不稳定的。

6. 标量函数 $V(\boldsymbol{x})$ 的正定性

设 $V(\boldsymbol{x})$ 为以状态向量 $\boldsymbol{x}$ 的各分量作为其自变量的标量函数，它的定义域为 s。如果只有当 $\boldsymbol{x} = 0$ 时，$V(\boldsymbol{x}) = 0$；而 $\boldsymbol{x} \neq 0$ 时，$V(\boldsymbol{x}) > 0$，则称 $V(\boldsymbol{x})$ 为正定函数。特别地，当 $V(\boldsymbol{x})$ 是状态 $\boldsymbol{x}$ 的二次型函数 $V(\boldsymbol{x}) = \boldsymbol{x}^\mathrm{T}\boldsymbol{P}\boldsymbol{x}$（$\boldsymbol{P}$ 为对称矩阵）时，$V(\boldsymbol{x})$ 的正定性就取决于矩阵 $\boldsymbol{P}$ 的正定性。

■ 2.1.2 Lyapunov 稳定性定理

Lyapunov 稳定性理论主要阐述了判稳的两种方法，第一种方法的基本思路是先求解系统的微分方程，然后根据解的性质来判断系统的稳定性。这种思想与经典理论一致，也称间接法。第二种方法的基本思路是不必通过求解系统微分方程，而是构造一个 Lyapunov 函数，根据这个函数性质来判稳，也称直接法。由于直接法不局限于线性定常系统，对任何复杂系统，尤其是非线性系统更为适用，所以只介绍 Lyapunov 直接法。

1. Lyapunov 函数

设 $V(\boldsymbol{x})$ 为系统任意标量函数，其中 $\boldsymbol{x}$ 为系统状态变量。

如果 $V(\boldsymbol{x})$ 具有性质：① $\dot{V}(\boldsymbol{x}) = \dfrac{\mathrm{d}V(\boldsymbol{x})}{\mathrm{d}x}$ 是连续的（反映能量变化趋势）；② $V(\boldsymbol{x})$ 是正定的（反映能量大小）；那么，$V(\boldsymbol{x})$ 就称为 Lyapunov 函数。

2. Lyapunov 直接法

定理 2.1[107]：设系统可表示为 $\dot{\boldsymbol{x}}(t) = \boldsymbol{f}(\boldsymbol{x}(t))$，其中 $\boldsymbol{x}(t) \in R^n$，$\boldsymbol{f}(\boldsymbol{x}(t))$ 为 $n \times 1$ 的函数向量，并且对于所有的 t 满足 $\boldsymbol{f}(0) = 0$。如果存在一个分段光滑的标量函数 $V(\boldsymbol{x}(t))$ 满足：

1）$V(\boldsymbol{x}(t))$ 正定，$\dot{V}(\boldsymbol{x}(t))$ 半负定，则原点处平衡状态是稳定的。

2）$V(\boldsymbol{x}(t))$ 正定，$\dot{V}(\boldsymbol{x}(t))$ 负定，则原点处平衡状态是渐进稳定的。

3）$V(\boldsymbol{x}(t))$ 正定，$\dot{V}(\boldsymbol{x}(t))$ 半负定，且当 $\| \boldsymbol{x}(t) \| \to \infty$ 时，$V(\boldsymbol{x}(t)) \to \infty$，则原点处平衡状态是大范围稳定的。

4）$V(\boldsymbol{x}(t))$ 正定，$\dot{V}(\boldsymbol{x}(t))$ 负定，且当 $\| \boldsymbol{x}(t) \| \to \infty$ 时，$V(\boldsymbol{x}(t)) \to \infty$，则原点处平衡状态是大范围渐进稳定的。

5）$V(\boldsymbol{x}(t))$ 正定，$\dot{V}(\boldsymbol{x}(t))$ 正定，则原点处平衡状态是不稳定的。

2.1.3 Barbalet 引理

迄今为止，Lyapunov 直接法仍然是研究和判断系统特别是非线性系统稳定性的最一般、最有效的方法。然而，Lyapunov 直接法也存在一些局限性：难以构造使得其导数（半）负定的 Lyapunov 函数；当 Lyapunov 函数的导数半负定时不能得到渐近稳定性结论，这有时不能满足某些实际要求。Barbalet 引理弥补了 Lyapunov 稳定性原理的不足，在控制理论，特别是自适应控制理论起着越来越重要的作用。现不加证明地给出几个结论[108]。

1）如果可微函数 $f(t)$ 有一极限值，当 $t \to \infty$ 时，并且有 $\dot{f}(t)$ 是一致连续的，则 $\lim\limits_{t \to \infty} f(t) \to 0$。

2）如果可微函数 $f(t)$ 有一极限值，当 $t \to \infty$ 时，$\ddot{f}(t)$ 存在并且有界，则 $\lim\limits_{t \to \infty} \dot{f}(t) \to 0$。

3）如果函数 f 在 $R^+ \to R$ 时是一致连续的，并当 $t \geqslant 0$ 时，$\lim\limits_{t \to \infty} \int_0^t \mid f(\tau)\mathrm{d}\tau \mid$ 存在并且一定，亦即 $f(t) \in L_1$，则有 $\lim\limits_{t \to \infty} f(t) = 0$。

4）如果函数满足 $f(t) \in L_2 \cap L_\infty$，$\dot{f}(t)$ 有界，则 $\lim\limits_{t \to \infty} f(t) = 0$。

2.2　滑模变结构理论

▍2.2.1　滑模变结构控制的基本原理

滑模变结构控制是变结构控制系统的一种控制策略，这种控制策略与常规控制的根本区别在于控制的不连续性，即一种使系统"结构"随时间变化的开关特性。该控制特性可以迫使系统在一定条件下沿规定的状态轨迹作小幅度、高频率的上下运动，即所谓的"滑动模态"或"滑模"运动。这种滑动模态是可以设计的，并且与系统的参数和扰动无关。因此，处于滑模运动的系统就具有很好的鲁棒性。

1. 滑动模态的定义及数学描述[109-111]

考虑一般情况下的非线性系统

$$\dot{x} = f(x, u, t) \tag{2.5}$$

式中，$x \in R^n$，$u \in R^m$ 分别是系统的状态和控制向量。在系统（2.5）的状态空间表达式中，有一个切换面 $s(x, t) = s(x_1, x_2, \cdots, x_n, t) = 0$。

控制量 $u = u(x, t)$ 按下列逻辑在切换面 $s(x, t)$ 上进行切换：

$$u_i(x, t) = \begin{cases} u_i^+(x, t), & s_i(x, t) > 0 \\ u_i^-(x, t), & s_i(x, t) < 0 \end{cases}, \quad i = 1, 2, \cdots, m$$

$$\tag{2.6}$$

式中，$u_i(x, t)$，$s_i(x, t)$ 分别是 $u(x, t)$，$s(x, t)$ 的第 i 个分量；$u_i^+(x, t)$，$u_i^-(x, t)$ 及 $s_i(x, t)$ 是光滑的连续函数。$s(x, t)$ 称为切换函数，一般情况下其维数等于控制向量维数。

若系统（2.5）为单输入非线性系统，即

$$\dot{x} = f(x, u, t) \tag{2.7}$$

式中，$x \in R^n$，$u \in R$ 分别是系统的状态向量和控制输入，则它将状态空间分成上、下两部分：$s > 0$ 及 $s < 0$。在切换面上的运动点有 3 种情况，如图 2.1 所示。

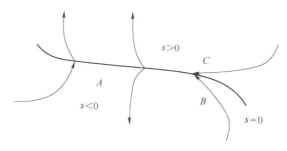

图 2.1　切换面上 3 种点的特点示意图

这 3 种点分别是：

通常点：系统运动点运动到切换面 $s = 0$ 附近时，并不停留在切换面上，而是穿越此点而过，如图 2.1 中点 A。

起始点：系统运动点到达切换面 $s = 0$ 附近时，从切换面的两边离开该点，如图 2.1 中点 B。

终止点：系统运动点到达切换面 $s = 0$ 附近时，从切换面的两边趋向于该点，并停留在切换面上。

在滑模变结构中，通常点与起始点无多大意义，而终止点却有特殊的含义。因为如果在切换面上某一区域内所有的运动点都是终止的，则一旦运动点趋近于该区域，就会被"吸引"到该区域内运动。此时，称在切换面 $s = 0$ 上所有的运动点都是终止点的区域为"滑动模态"区，或简称为"滑模"区。系统在滑模区中的运动就叫作"滑模运动"。

按照滑动模态区上运动点都必须是终止点这一要求，当运动点到达切换面 $s = 0$ 附近时，必有

$$\lim_{x \to 0^+} \dot{s} \leq 0 \text{ 及 } \lim_{x \to 0^-} \dot{s} \geq 0$$

或者

$$\lim_{x \to 0^+} \dot{s} \leq 0 \leq \lim_{x \to 0^-} \dot{s} \tag{2.8}$$

式（2.8）也可以写成

$$\lim_{x \to 0} \dot{s} s \leq 0 \tag{2.9}$$

式（2.9）对非线性系统（2.7）提出了一个形如

$$V(x_1, x_2, \cdots, x_n, t) = [s(x_1, x_2, \cdots, x_n, t)]^2 \tag{2.10}$$

的 Lyapunov 函数的必要条件。由于在切换面邻域内函数式（2.10）是正定的，而按照式（2.9），s^2 的导数是负半定的，也就是说在 $s = 0$ 附近 V 是一个非增函数，因此，如果满足条件式（2.9），则式（2.10）是系统的一个条件李雅普诺夫函数，系统本身也就稳定于条件 $s = 0$。

2. 滑模变结构控制的定义[109-111]

滑模变结构控制的基本问题如下。

考虑非线性系统（2.5），需要切换函数 $s(\boldsymbol{x}, t)$，$s \in R^m$，

求解控制函数

$$u_i(\boldsymbol{x}, t) = \begin{cases} u_i^+(\boldsymbol{x}, t), & s_i(\boldsymbol{x}, t) > 0 \\ u_i^-(\boldsymbol{x}, t), & s_i(\boldsymbol{x}, t) < 0 \end{cases} \qquad (2.11)$$

式中，$u^+(\boldsymbol{x}) \neq u^-(\boldsymbol{x})$，使得

1）滑动模态存在，即式（2.11）成立。

2）满足可达性条件，在切换面 $s = 0$ 以外的运动点都将于有限的时间内到达切换面。

3）保证滑模运动的稳定性。

4）达到控制系统的动态品质要求。

上面的前 3 点是滑模变结构控制的 3 个基本问题，只有满足了这 3 个条件的控制才叫滑模变结构控制。

3. 滑动模态的存在和到达条件

滑动模态的存在条件和到达条件的成立是滑模变结构控制应用的前提。对于单输入非线性系统（2.7），若系统的初始状态 $x(0)$ 不在 $s = 0$ 附近，而在状态空间的任意位置，那么此时要求系统的运动必须趋向于切换面 $s = 0$，即必须满足可达性条件，否则系统无法启动滑模运动。由于滑模变结构控制的控制策略多种多样，因此，对于系统可达性条件的实现形式也不尽相同。滑动模态的数学表达式为

$$\lim_{x \to 0^+} \dot{s} \leq 0 \ \text{及} \ \lim_{x \to 0^-} \dot{s} \geq 0 \qquad (2.12)$$

式（2.12）意味着在切换面邻域内，运动轨线将于有限时间内到达切换面，所以到达条件也称为局部到达条件。到达条件的等价形式为

$$\dot{s}s < 0 \qquad (2.13)$$

式中，切换函数 $s(\boldsymbol{x})$ 应满足以下条件：

1）可微。

2）经过原点，即 $s(0) = 0$。

由于状态 $\boldsymbol{x}$ 可以取任意值，即 $\boldsymbol{x}$ 可以离开切换面任意远，故到达条件式（2.13）也称为全局到达条件。为了保证在有

限时间内到达，避免渐进趋近，对式（2.13）修正为

$$\dot{s}s < -\eta \mid s \mid \qquad (2.14)$$

式中 η 为一严格正常数，它决定了系统状态趋近滑动模的速度。从式（2.14）可以看出，当系统初始状态不在切换曲线上时，轨迹将会在小于 $s(0)/\eta$ 的有限时间内到达切换曲线。

通常将式（2.13）表达为 Lyapunov 型的到达条件为

$$\dot{V}(\boldsymbol{x}) < 0, \ V(\boldsymbol{x}) = \frac{1}{2}s^2$$

式中，$V(\boldsymbol{x})$ 为定义的 Lyapunov 函数。

4. 等效控制及滑动模态的运动方程

滑模变结构控制的重要问题之一是要确定滑动模态的运动方程。这种确定方法既要便于离线分析，又要符合控制系统的实际运动情况。由于滑动运动方程的右端函数是不连续的，甚至在切换流形上是无定义的，因此使得这种系统的分析不能用经典的微分方程理论来进行。当系统发生滑模运动时，其间断点在时间上构成测度不为零的点集，系统状态被限制在切换流形上运动。在此情况下，不能采用衔接原理求解，滑动模态的运动方程需要用新的方法求得，通常采用等效控制方法来确定[109-111]。

考虑单输入非线性系统式（2.7），从理论上讲，系统的状态轨线一旦到达切换流形，就会沿其运动，即此时系统轨线就保持在切换流形上，称这种滑动模态为理想滑动模态。但实际系统中由于惯性、执行机构的切换滞后等非线性因素的存在，系统轨线不可能保持在切换流形上运动，而是在切换流形的附近来回抖动，这种滑动模态称为实际滑动模态。因此理想滑动模态与实际滑动模态总是存在着一定的偏差，如图 2.2 和 2.3 所示。在理论情况下，当系统进入滑动模态运动后，由于系统的状态轨线保持在其上面，故满足 $s = 0$，从而有 $\dot{s} = 0$。

图 2.2　理想滑动模态图　　　　　图 2.3　实际滑动模态图

对于单输入非线性系统式（2.7），如果达到理想的滑动模态控制，则 $\dot{s} = 0$，即

$$\dot{s} = \frac{\partial s}{\partial x}f(\boldsymbol{x},\ u,\ t) + \frac{\partial s}{\partial t} = 0 \qquad (2.15)$$

如果从式（2.15）可以确定或解出 u，则 u 被视为非线性系统式（2.15）在切换流形 $s = 0$ 上所施加控制的平均或平均控制作用量。把由式（2.15）求出的控制量 u 称为等效控制，用 u_{eq} 表示。等效控制往往是针对确定性系统在无外加干扰情况下进行设计的。

例如，针对线性系统：

$$\dot{\boldsymbol{x}} = A\boldsymbol{x} + bu, \ x \in R^n,\ u \in R \qquad (2.16)$$

取切换函数

$$s(\boldsymbol{x}) = c\boldsymbol{x} = \sum_{i=1}^{n} c_i x_i = \sum_{i=1}^{n-1} c_i x_i + x_n \qquad (2.17)$$

式中，$x_i = x^{(i-1)}(i = 1,\ 2,\ \cdots,\ n)$ 为系统状态及其各阶导数，选取常数 $c_i(i = 1,\ 2,\ \cdots,\ n-1)$，使得多项式 $p^{n-1} + c_{n-1}p^{n-2} + \cdots + c_2p + c_1$ 为 Hurwitz 稳定，p 为 Laplace 算子。

设系统进入滑动模态后的等效控制为 u_{eq}，由式（2.16）得

$$\dot{s}(\boldsymbol{x}) = c\dot{\boldsymbol{x}} = c(A\boldsymbol{x} + bu_{eq}) = 0 \qquad (2.18)$$

若矩阵 $[cb]$ 满秩，则可解出等效控制

$$u_{eq} = - \begin{bmatrix} cb \end{bmatrix}^{-1} cAx \qquad (2.19)$$

针对带有不确定性和外加干扰的系统，一般采用的控制律为等效控制加切换控制，即

$$u = u_{eq} + u_{vss} \qquad (2.20)$$

式中，切换控制 u_{vss} 为克服不确定性和外加干扰的鲁棒控制。所设计的控制律 u 需要满足到达条件。

有了等效控制后，可写出滑动模态的运动方程。将等效控制 u_{eq} 带入系统的状态方程（2.7），可得

$$\left. \begin{array}{l} \dot{x} = f(x, u_{eq}, t), \ x \in R^n, \ u \in R \\ s(x) = 0 \end{array} \right\} \qquad (2.21)$$

例如，将式（2.19）代入式（2.16）可得

$$\left. \begin{array}{l} \dot{x} = \begin{bmatrix} I - b(cb)^{-1}c \end{bmatrix} Ax \\ s(x) = cx = 0 \end{array} \right\} \qquad (2.22)$$

式中，I 为单位阵。

滑动模态运动是系统沿切换面 $s(x)$ 上的运动，到达理想终点时，满足在到达滑动模态切换面时 $s = 0$ 及 $\dot{s} = 0$，同时切换开关必须是理想开关，这是一种理想的极限情况。实际上，系统运动点沿切换面上下穿行。所以式（2.22）是滑模变结构控制系统在滑动模态附近的平均运动方程，这种平均运动方程描述了系统在滑动模态下的主要动态特性。通常希望这个动态特性既具有渐近稳定性，又具有优良的动态品质。从式（2.22）中可以看出，滑动模态运动的渐近稳定性和动态品质取决于切换函数 s 及其参数的选择。

5. 滑模变结构控制的趋近律

滑模运动包括趋近运动和滑模运动两个过程。系统从任意初始状态趋向切换面，直到到达切换面的运动称为趋近运动，即趋近运动为 $s \to 0$ 的过程。根据滑模变结构原理，滑模可达性条件仅保证由状态空间任意位置运动点在有限时间内到达切换面的要求，而对于趋近运动的具体轨迹未作任何限制，采用

趋近律的方法可以改善趋近运动的动态品质。因此，研究者们提出并发展了趋近律的概念和公式，来保证正常运动的品质。国内外研究者设计出了以下各种各样的趋近律[79,109-111]。

1）等速趋近律：

$$\dot{s} = -\varepsilon \cdot \text{sgn}(s), \quad \varepsilon > 0 \qquad (2.23)$$

式中，常数 ε 表示系统的运动点趋近切换面 $s = 0$ 的速率。ε 如果小，则趋近速度慢，调节过程长；反之，如果 ε 较大，则到达切换面时系统具有较大速度，这样将引起较大的抖振。这种最简单的趋近律虽然比较容易求得控制 $u^{\pm}(x)$，且 $u^{\pm}(x)$ 本身也简单，但运动的品质不够好。

2）指数趋近律：

$$\dot{s} = -\varepsilon \cdot \text{sgn}(s) - ks, \quad \varepsilon > 0, \ k > 0 \qquad (2.24)$$

式中，$\dot{s} = -ks$ 是指数趋近项，其解为 $s = s(0)\text{e}^{-kt}$。当 k 充分大时的趋近比按等速趋近的要快。增大 k，减小 ε 可以加速趋近过程，减小抖振。指数趋近律能大大改善趋近 $s = 0$ 的正常运动：趋近过程变快，而引起的抖动可以大大削弱。

3）幂次趋近律：

$$\dot{s} = -k|s|^{a} \cdot \text{sgn}(s) - ks, \quad 0 < a < 1, \ k > 0$$
$$(2.25)$$

4）一般趋近律：

$$\dot{s} = -\varepsilon \cdot \text{sgn}(s) - f(s), \quad \varepsilon > 0 \qquad (2.26)$$

式中，$f(0) = 0$，当 $s \neq 0$，$sf(s) > 0$。

■2.2.2 滑模变结构控制的不变性

从实际应用的观点来看，实际的控制对象不可能是精确的对象，系统总存在着内部参数的扰动和外部干扰。变结构控制最吸引人的特性之一是系统一旦进入滑动模运动，对系统干扰及参数变化具有完全的鲁棒性，这个性质称为滑动模态的不变性[93]。

考虑如下不确定仿射非线性系统：

$$\dot{x} = f(x) + \Delta f(x) + [g(x) + \Delta g(x)]u + d(t)$$

$$(2.27)$$

式中，$\Delta f(x)$，$\Delta g(x)$ 为具有相应维数的不确定项（摄动项）。$d(t)$ 为加在系统上的未知外界干扰量。

选择滑模面 $s = s(x)$，则由式（2.27）可以推出

$$\dot{s} = \frac{\partial s}{\partial x}[f + \Delta f + (g + \Delta g)u + d] \qquad (2.28)$$

因此，由等效控制法及上式可得等效控制量满足

$$u_{eq} = -\left(\frac{\partial s}{\partial x}g\right)^{-1}\left[\frac{\partial s}{\partial x}(\Delta f + \Delta g u_{eq} + d)\right] \qquad (2.29)$$

式中，假定 $\frac{\partial s}{\partial x}g$ 可逆，将此等效控制代入式（2.27），就可得到滑动模态满足下列方程：

$$\dot{x} = \left[I - g\left(\frac{\partial s}{\partial x}g\right)^{-1}\frac{\partial s}{\partial x}\right](f + \Delta f + \Delta g u_{eq} + d) \qquad (2.30)$$

因此，当

$$\Delta f + \Delta g u_{eq} + d = g\left(\frac{\partial s}{\partial x}g\right)^{-1}\frac{\partial s}{\partial x}(\Delta f + \Delta g u_{eq} + d)$$

$$(2.31)$$

时，滑动运动方程（2.30）与未知扰动和模型不确定性无关，即滑模运动具有不变性。滑模变结构控制系统的滑动模态具有不变性或鲁棒性应满足匹配条件。

定理 2.2：考虑不确定仿射非线性系统（2.27），若存在 $\tilde{f}$，$\tilde{g}$ 和 $\tilde{d}$ 使匹配条件 $\Delta f = g\tilde{f}$，$\Delta g = g\tilde{g}$，$d = g\tilde{d}$ 成立，则可以构造系统式（2.27）的滑动模态，它对 $\Delta f = g\tilde{f}$，$\Delta g = g\tilde{g}$，$d = g\tilde{d}$ 是不变的。

■2.2.3 变结构控制系统的抖动问题

变结构控制从理论上讲为不确定系统的鲁棒控制提供了一种非常有效的途径。但是，实际系统由于切换装置不可避免地存在惯性，变结构系统在不同的控制逻辑中来回切换，因而导致实际滑动模不是准确地发生在滑动面上，容易引起系统状态在滑动面附近的剧烈抖动，即抖振现象。抖动现象是影响变结构控制应用的最大障碍，其危害性是很大的，一方面会引起执行机构的疲劳损伤，另一方面还会激励系统的未建模高频动态特性。

为了克服变结构控制系统的抖动缺陷，许多国内外学者提出了比较有效的方法。除了高为炳[79]提出的趋近律方法外，各种基于模糊逻辑[112]、神经网络[113-114]和遗传算法[115-116]的消抖方法也相继出现，但目前比较流行的是采用边界层内的正则化方法，即在适当的边界层内将原变结构控制连续化，从而达到减弱系统抖动的目的。不过，边界层厚度的选取是一个很困难的问题。因此，抖动的削弱一直是变结构控制系统中的一个关键问题，尚须开展更多的研究。

■2.2.4 滑模变结构控制系统的综合

变结构控制理论，不是一种分析方法，而是一种综合方法。因此，其重点就是系统的设计问题。为便于理解变结构控制器的设计方法，把变结构控制系统的运动分成两个阶段，分阶段研究和设计。

第一阶段：系统状态由任意初始状态位置向滑动模 $s = 0$ 运动，直到到达滑动模，这一阶段人们常常称作趋近阶段或到达阶段。该阶段中 $s \neq 0$。此时的设计任务是使系统状态在任意初始状态趋近并到达滑动模态。

第二阶段：系统状态沿着滑动模运动的阶段，这一阶段人们常常称作滑动阶段。在该阶段中 $s = 0$。此时的设计任务是使系统的滑动具有希望的动态性能。

上述两个阶段正好描述了系统按时间的运动过程，但在设计时，则恰好是按相反的顺序进行的。一旦确定了滑动流形，也就决定了滑动运动的稳定性与动态品质。而系统的到达阶段是在滑动面确定之后，由变结构控制作用来保证的。通常来说，变结构控制的设计可以分为两个步骤[109-111]。

1）设计切换函数 $s(\boldsymbol{x})$，使它所确定的滑动模态渐进稳定且具有良好的动态品质。

2）设计滑动模态控制律 $u^{\pm}(\boldsymbol{x})$，使到达条件满足，从而使得系统在有限时间内到达切换流形并保持在它上面运动。

一旦切换函数 $s(\boldsymbol{x})$ 和滑动模态控制律 $u^{\pm}(\boldsymbol{x})$ 都得到了，滑动模态控制系统就完全建立起来了。

滑模变结构控制通常有以下几种设计方法：

1）常值切换控制 $u = u_{\mathrm{vss}} \cdot \mathrm{sgn}(s)$，其中，$u_{\mathrm{vss}}$ 是待求的常数，求滑模变结构控制就是求 u_{vss}。

2）函数切换控制 $u = u_{\mathrm{eq}} + u_{\mathrm{vss}} \cdot \mathrm{sgn}(s)$，这是以等效控制 u_{eq} 为基础的形式。

3）比例切换控制

$$u = \Big(\sum_{i=1}^{k} \varphi_i x_i \Big) \mathrm{sgn}(s), \quad \varphi_i = \begin{cases} a_i, & x_i s < 0, \\ \beta_i, & x_i s > 0, \end{cases} \quad \alpha_i, \beta_i \text{ 为常数}$$

2.3　Backstepping 控制原理

Backstepping 设计方法被称为反步法，又称后推法或反演法。它与 Lyapunov 型自适应律结合使用，即综合考虑控制律和自适应律，使整个闭环系统满足期望的动静态性能。

Backstepping 控制设计思想为[92,117-118]：将复杂的非线性系统分解成不超过系统阶数的子系统，然后为每个子系统设计部分 Lyapunov 函数和中间虚拟控制量，一直"后退"到整个系统，将它们集成起来完成整个控制律的设计。考虑下面三阶 SISO 非线性系统：

$$
\left.
\begin{aligned}
\dot{x}_1 &= x_2 + f_1(x_1) \\
\dot{x}_2 &= x_3 + f_2(x_1,\ x_2) \\
\dot{x}_3 &= u + f_3(x_1,\ x_2,\ x_3)
\end{aligned}
\right\}
\tag{2.32}
$$

式中，$\boldsymbol{x} = (x_1,\ x_2,\ x_3) \in R^3$，$u \in R$ 分别是系统的状态和控制输入，系统的非线性部分光滑函数 $f_i(x_1,\ x_2,\ \cdots,\ x_i)$，$i = 1，2，3$ 呈下三角结构。Backstepping 设计就是视每一个子系统 $\dot{x}_i = x_{i+1} + f_i(x_1,\ x_2,\ \cdots,\ x_i)$ 中的 x_{i+1} 为虚拟控制，并引入相应的误差变量 $z_{i+1} = x_{i+1} - \rho_i(x_1,\ x_2,\ \cdots,\ x_i)$，其中 $\rho_i(x_1,\ x_2,\ \cdots,\ x_i)$ 是待定的镇定函数，期望通过控制使得误差变量具有某种渐进特性，从而实现整个系统的渐进稳定。由于变量替换是一种微分同胚变换，所以，只需镇定误差变量 z_i 组成的系统，进而反推得出原系统也是稳定的。

步骤 1　令 $z_1 = x_1$，x_2 看作是系统

$$
\dot{z}_1 = x_2 + f_1(x_1)
\tag{2.33}
$$

的虚拟控制。现在，控制目的就是设计虚拟反馈控制 $x_2 = \rho_1(x_1)$ 去镇定 z_1。构造 Lyapunov 函数 $V_1(z_1) = \dfrac{1}{2}z_1^2$，则有 $\dot{V}_1(z_1) = z_1\dot{z}_1 = z_1[x_2 + f_1(x_1)]$。取 $\rho_1(x_1) = -k_1z_1 - f_1(x_1)$，$k_1 > 0$ 为可设计常数，并引入误差变量 $z_2 = x_2 - \rho_1(x_1)$，则有

$$
\dot{z}_1 = -k_1z_1 + z_2
\tag{2.34}
$$

$$
\dot{V}_1(z_1) = -k_1z_1^2 + z_1z_2
\tag{2.35}
$$

故若 $z_2 \to 0$，则 $\dot{V}_1(z_1) = -k_1z_1^2 \leqslant 0$，即 z_1 子系统（2.33）被镇定。下面镇定 z_2。

步骤 2　对应一个二阶系统：

$$\dot{z}_1 = -k_1 z_1 + z_2 \\ \left. \dot{z}_2 = f_2(x_1, x_2) + x_3 - \frac{\partial \rho_1}{\partial x_1}[f_1(x_1) + x_2] \right\} \qquad (2.36)$$

x_3 是其虚拟控制，这一步主要是镇定 z_2。构造 Lyapunov 函数 $V_2(z_1, z_2) = \frac{1}{2}z_1^2 + \frac{1}{2}z_2^2$，则

$$\dot{V}_2(z_1, z_2) = -k_1 z_1^2 + z_2 \left\{ z_1 + f_2 + x_3 - \frac{\partial \rho_1}{\partial x_1}[f_1(x_1) + x_2] \right\}$$

$$(2.37)$$

取 $\rho_2(x_1, x_2) = -z_1 - k_2 z_2 - f_2 + \dfrac{\partial \rho_1}{\partial x_1}[f_1(x_1) + x_2]$，$k_2 > 0$

为设计常数，并引入误差变量 $z_3 = x_3 - \rho_2(x_1, x_2)$，则有

$$\dot{z}_2 = -k_2 z_2 + z_3 - z_1 \qquad (2.38)$$

$$\dot{V}_2 = -\sum_{j=1}^{2} k_j z_j^2 + z_2 z_3 \qquad (2.39)$$

故若 $z_3 \to 0$，则 $\dot{V}_2(z_1, z_2) = -k_1 z_1^2 - k_2 z_2^2 \leqslant 0$，即 z_1，z_2 子系统 (2.36) 被镇定。下面镇定 z_3。

步骤 3　对应一个三阶系统

$$\dot{z}_1 = -k_1 z_1 + z_2 \\ \dot{z}_2 = -k_2 z_2 + z_3 - z_1 \\ \left. \dot{z}_3 = f_3 + u - \sum_{j=1}^{2} \frac{\partial \rho_2}{\partial x_j}(f_j + x_{j+1}) \right\} \qquad (2.40)$$

式中，k_1，$k_2 \geqslant 0$ 为设计常数，此时原系统真正的控制 u 出现了。构造 $V_3 = \sum_{j=1}^{3} \frac{1}{2} z_j^2$，则有

$$\dot{V}_3 = -\sum_{j=1}^{2} k_j z_j^2 + z_2 z_3 + z_3 \dot{z}_3$$

$$= -\sum_{j=1}^{2} k_j z_j^2 + z_3 \left[z_2 + f_3 + u - \sum_{j=1}^{2} \frac{\partial \rho_2}{\partial x_j}(f_j + g_j x_{j+1}) \right]$$

$$(2.41)$$

令 $z_2 + f_3 + u - \sum_{j=1}^{2} \frac{\partial \rho_2}{\partial x_j}(f_j + g_j x_{j+1}) = -k_3 z_3$，其中 $k_3 > 0$ 为设计常数，由式（2.41）求得控制输入

$$u = -\left[k_3 z_3 + f_3 + z_2 - \sum_{j=1}^{2} \frac{\partial \rho_2}{\partial x_j}(f_j + g_j x_{j+1}) \right] \quad (2.42)$$

代入式（2.41）得 $\dot{V}_3 = -\sum_{j=1}^{2} k_j z_j^2 \leq 0$，即系统（2.40）被镇定，所以 $z_3 \to 0$，进而 $z_i \to 0$，$i = 1, 2$，反推之后可得 $x_i \to 0$，$i = 1, 2, 3$。即可得系统（2.32）在控制式（2.42）作用下被镇定。

2.4 自抗扰控制理论

■ 2.4.1 自抗扰控制器简介

尽管现代控制理论在理论上可以给出非常完美的控制效果，但是在现代工业控制中仍然难以找到立足之处。据文献报道，目前 PID 控制器在工业过程控制中仍占绝对主导地位，在运动控制、航天控制及其他过程控制的应用中达 95% 以上，在造纸工业中 PID 控制器的应用甚至更高，这说明控制理论和控制工程之间出现了严重脱节的现象。针对这种局面，中国科学院韩京清研究员对经典 PID 控制器经过多年的深入研究之后，提出了一种估计补偿不确定因素的控制技术——自抗扰控制技术。现已在我国电力系统、精密机械加工机床、化工过程、现代武器系统等领域得到推广应用，并取得了显著的社会效益和经济效益[119]。

自抗扰控制器针对经典 PID 控制器的缺点进行了重大改进，具体如下。

1）合理安排系统输入过渡过程并提取微分——"跟踪微分器"。

2）选择合适的反馈组合方法——"非线性组合"。

3）对状态变量和"扰动"设定估计值——"扩张状态观测器"。

4）充分利用"非线性状态误差反馈"特殊的非线性效应来设计控制器，有效地加快了收敛速度，提高了控制系统的动态性能。

2.4.2　自抗扰控制器的结构

自抗扰控制器有 3 个部分[119-120]：以设定值 v 为输入安排过渡过程部分、以系统的输出 y 和输入 u 来跟踪估计系统状态和扰动部分（扩张状态观测器）、非线性误差状态反馈律和扰动补偿过程部分。以二阶受控对象为例，其结构如图 2.4 所示。

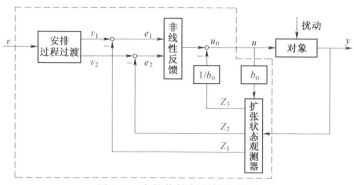

图 2.4　自抗扰控制器结构框图

1. 安排过渡过程部分

在一般的控制系统中，误差直接取成

$$e = v - y \qquad (2.43)$$

式中，v 为设定值；y 为系统的输出。误差的这种取法使初始误差很大，容易引起超调，很不合理。

　　根据对象的承受能力，如果事先安排合理的过渡过程 $v_{1(t)}$，然后将误差取成 $e = v_{1(t)} - y$，则能够很好地解决 PID 的快速性和超调之间的矛盾，也能够大大提高调节器的鲁棒性。自抗扰控制器利用跟踪微分器（TD）来安排过渡过程，得到光滑的输入信号，并提取其微分信号。通常跟踪微分器的离散化形式为

$$\left.\begin{aligned}
v_1(k+1) &= v_1(k) + hv_2(k) \\
v_2(k+1) &= v_2(k) + h\mathrm{fst}[v_1(k) - v_0, v_2(k), r, h_0]
\end{aligned}\right\} \quad (2.44)$$

式中，h 为采样步长；$\mathrm{fst}(\cdot)$ 为

$$\mathrm{fst} = \begin{cases} -ra, & |a| \leqslant d \\ -r\mathrm{sgn}(a), & |a| > d \end{cases} \quad (2.45)$$

式中

$$d = rh, \ d_0 = dh, \ y = v_1 - v + hv_2$$
$$a_0 = \sqrt{d^2 + 8r|y|} \quad (2.46)$$

$$a = \begin{cases} v_2 + \dfrac{y}{h}, & |y| > d_0 \\ v_2 + \dfrac{\mathrm{sgn}(y)(a_2 - d)}{2}, & |y| \leqslant d_0 \end{cases}$$

v_1 跟踪 $v(t)$，v_2 收敛于 v_1 的导数。这里 r 和 h_0 为可调参数，r 越大，v_1 跟踪 $v(t)$ 的速度越快；该跟踪微分器对信号 $v(t)$ 还具有滤波功能，h_0 越大，滤波效果越好。这一点对于跟踪系统输出信号来讲尤其重要，因为，系统的输出信号一般均含有一定的噪声。

　　2. 扩张状态观测器部分

　　扩张状态观测器（Extended State Observer，ESO）是自抗扰控制理论的核心。它将来自系统内部和外部的各种"扰动"都归结为对系统的"总扰动"，然后对系统状态和"总扰动"

进行实时估计，并对"扰动"给予相应补偿，把含有未知扰动的非线性、不确定对象转化为"积分串联型"线性对象，从而实现系统的动态反馈线性化，使得非线性、不确定系统近似线性化和确定化。现以二阶系统为例，介绍扩张状态观测器的一般理论。

设非线性系统

$$
\left.\begin{aligned}
\dot{x}_1 &= x_2 \\
\dot{x}_2 &= f(x_1,\ x_2) + bu \\
y &= x_1
\end{aligned}\right\} \tag{2.47}
$$

当 $f(x_1,\ x_2)$ 已知时，系统观测器可设计为

$$
\left.\begin{aligned}
e_1 &= z_1 - y \\
\dot{z}_1 &= z_2 - \beta_1 e_1 \\
\dot{z}_2 &= f(z_1,\ z_2) - \beta_2 e_1 + bu
\end{aligned}\right\} \tag{2.48}
$$

但是，在很多情况下 $f(x_1,\ x_2)$ 未知，把作用于开环系统的加速度 $f[x_1(t),\ x_2(t)]$ 的实时作用量扩充成新的状态变量 x_3，记作

$$
x_3(t) = f[x_1(t),\ x_2(t)] \tag{2.49}
$$

并记 $\dot{x}_3(t) = w(t)$，那么系统（2.47）可扩张成新的线性控制系统

$$
\left.\begin{aligned}
\dot{x}_1 &= x_2 \\
\dot{x}_2 &= x_3 + bu \\
\dot{x}_3 &= w(t) \\
y &= x_1
\end{aligned}\right\} \tag{2.50}
$$

对这个被扩张的系统建立状态观测器

$$
\left.\begin{aligned}
e_1 &= z_1 - y \\
\dot{z}_1 &= z_2 - \beta_1 e_1 \\
\dot{z}_2 &= z_3 - \beta_2 \mathrm{fal}(e_1,\ a_1,\ \delta) + bu \\
\dot{z}_3 &= -\beta_3 \mathrm{fal}(e_1,\ a_2,\ \delta)
\end{aligned}\right\} \tag{2.51}
$$

式中, $\mathrm{fal}(e,\ a,\ \delta) = \begin{cases} |e|^a\mathrm{sgn}(\varepsilon),\ & |e| > \delta, \\ \dfrac{e}{\delta^{1-a}}, & |e| \leqslant \delta, \end{cases} \quad \delta > 0。$

只要适当选择参数 β_1, β_2, β_3, 这个系统就能很好地估计系统 (2.47) 的状态变量 $x_1(t)$, $x_2(t)$ 及被扩张的状态的实时作用量 $x_3(t) = f[x_1(t),\ x_2(t)]$。如果函数 $f(x_1,\ x_2)$ 中含有时间变量 t 和未知扰动作用 $d(t)$, 那么同样可以估计出被扩张的状态变量——作用于系统的加速度的实时作用量 $f[x_1(t),\ x_2(t),\ t,\ d(t)]$。把被扩张的系统的状态观测器 (2.51) 称为系统 (2.47) 的扩张状态观测器。

有了这个被扩张的状态 $x_3(t)$ 的估计值 $z_3(t)$, 只要参数 b 已知, 控制量可以取成

$$u = u_0 - z_3(t)/b \tag{2.52}$$

就能使对象变成

$$\begin{cases} \dot{x}_1 = x_2 \\ \dot{x}_2 = f(x_1,\ x_2) + b[u_0 - z_3(t)/bu] \\ y = x_1 \end{cases} \Rightarrow \begin{cases} \dot{x}_1 = x_2 \\ \dot{x}_2 = bu_0 \\ y = x_1 \end{cases}$$

$$\tag{2.53}$$

这样将系统进行了实时动态线性化, 系统成为一个线性"积分串联型"对象。

扩张状态观测器是基于系统已知输入输出, 通过状态误差重构出系统状态和系统"扰动"的实时作用并予以补偿。ESO 的补偿量并不区分内扰和外扰, 直接补偿它们的综合作用即对系统的总扰动, 实质上起到了一种抗扰作用。

3. 非线性状态误差反馈 (NLSEF)

在非线性控制中, 反馈线性化是一种有效的方法, 能以增益反比的方式来抑制扰动, 但反馈线性化需要知道控制对象的精确数学模型, 大大限制了它的使用范围。非线性反馈的一般理论如下。

对于一阶误差系统

$$\dot{\varepsilon} = w + u \tag{2.54}$$

若对上式实施误差的线性反馈 $u = -k\varepsilon$，$k > 0$，则 $\dot{\varepsilon} = -k\varepsilon + w$，$\frac{1}{2}\frac{\mathrm{d}\varepsilon^2}{\mathrm{d}t} + k\varepsilon^2 = \varepsilon w$。如果存在一常数 $w_0 > 0$，满足

$$|w| < w_0 , \quad \frac{1}{2}\frac{\mathrm{d}\varepsilon^2}{\mathrm{d}t} < -k|\varepsilon|(|\varepsilon| - w_0/k)$$

则当 $|\varepsilon| > w_0/k$ 时，有 $\frac{\mathrm{d}\varepsilon^2}{\mathrm{d}t} < 0$，即系统稳态误差小于 w_0/k，在线性反馈之下稳态误差与反馈增益 k 成反比。

若取非线性反馈

$$u = -k|\varepsilon|^a \mathrm{sgn}(\varepsilon) , \quad a > 0 , \quad \dot{\varepsilon} = -k|\varepsilon|^a \mathrm{sgn}(\varepsilon) + w ,$$

$$\frac{1}{2}\frac{\mathrm{d}\varepsilon^2}{\mathrm{d}t} < -k|\varepsilon|(|\varepsilon|^a - w_0/k)$$

当 $|\varepsilon|^a > w_0/k$ 时，有 $\frac{\mathrm{d}\varepsilon^2}{\mathrm{d}t} < 0$。即系统稳态误差小于 $(w_0/k)^a$，a 减小就以数量级的方式减小稳态误差。非线性反馈策略优于线性反馈策略。

跟踪微分器、扩张状态观测器和非线性状态误差反馈三部分组合成自抗扰控制器。跟踪微分器能快速无超调地跟踪输入信号并给出较好的微分信号，避免了由于设定值突变造成的控制量的剧烈变化，以及输出量的超调；扩张状态观测器不仅能估计各个状态变量，还能估计扰动并给予相应补偿；来自 TD 的输出与扩张状态观测器输出取误差就得到系统状态变量误差。这些状态变量误差经过非线性状态误差反馈控制律运算后，再加上扩张状态观测器对未知扰动估计的补偿量，最终作为被控对象的控制量。

利用自抗扰控制设计控制器具有很大的灵活性，控制器设计不依赖于系统的精确数学模型，把复杂问题进行了简化。自抗扰控制器是在对 PID 控制器探索的基础上发展而来，突破

了 PID 控制器技术上的一些缺点。但同时 ADRC 方法中的一些特性，如为提高系统的收敛速度和控制精度普遍应用的非线性环节，由于非线性运算量很大，在系统实现时对硬件的运算能力提出了较高的要求，增加了系统在实时控制的难度。另外，ADRC 中涉及较多的参数，控制性能很大程度上取决于这些参数的选取，目前虽有文献采用遗传算法整定 ADRC 参数，但是还没有一套比较完整的理论做指导，参数整定几乎只能靠技术人员的工程经验来调整，这是 ADRC 应用中的一个难题[121]。

2.5　小　　结

本章就本书中涉及的基本知识，包括稳定性理论、滑模控制理论、Back-stepping 技术以及自抗扰控制技术等进行了介绍，为后续章节的研究打下基础。

第 3 章

欠驱动水面船舶的运动数学模型

3.1 引　言

　　船舶运动数学模型描述船舶在运动过程中对控制输入的响应特性，是研究船舶受控运动的基础。在船舶运动控制领域，建立船舶运动数学模型主要有两个目的：一是用于建立船舶操纵模拟器，为研究闭环系统特性提供一个基本的仿真平台；二是直接为设计船舶运动控制器服务。船舶运动数学模型一般分为线性模型和非线性模型两大类。线性模型是关于船舶运动方程的一次近似，主要用于船舶运动控制器设计，但只适用于在特定情况下进行。当进行船舶闭环控制系统的仿真研究时，必须以非线性模型表述被控过程的动态特征，并且还应考虑风、浪、流等环境干扰造成的影响。而数学模型建立的合理程度，更是直接决定了运动控制器的设计效果。因此，建立复杂程度适宜、精度满足要求的船舶运动数学模型至关重要。

　　本章基于文献［4，122-127］，简要地介绍了船舶航向、航迹控制设计中常用的船舶运动数学模型，同时一并给出舵伺服系统以及随机海洋干扰的数学仿真模型，为后面的控制器设计和稳定性分析提供准备。

3.2　船舶运动数学模型

数学模型化是用数学语言（微分方程式）描述实际过程动态特性的方法。在建立船舶运动方程时，一般做 3 个假设：①船舶是一个刚体；②大地参照系是惯性参照系；③水动力与频率无关，水的自由表面作刚性壁处理。

■ 3.2.1　船舶运动坐标系统和运动学

1. 坐标系统

船舶的实际运动异常复杂，一般情况下具有 6 个自由度，即前进、横移、垂荡、横摇、纵摇和艏摇。研究船舶的 6 个自由度任意运动时，一般采用两种坐标系统：惯性坐标系和附体坐标系[4,122]。如图 3.1 所示，$O_0X_0Y_0Z_0$ 为固定于地球表面的惯性坐标系（也称为大地坐标系统），规定 X_0 轴指向正北，

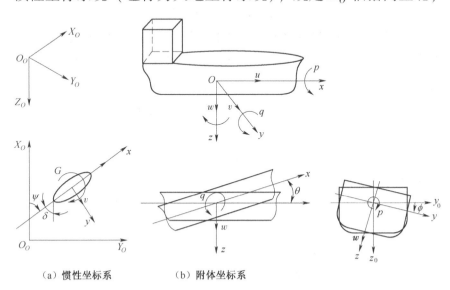

（a）惯性坐标系　　　　（b）附体坐标系

图 3.1　惯性坐标系和附体坐标系

Y_O 轴指向正东, Z_O 轴指向地心。各轴的单位向量记为 $\boldsymbol{i}_O$、$\boldsymbol{j}_O$、$\boldsymbol{k}_O$; $Oxyz$ 是原点位于船舶中某指定点 O (对于水面船舶通常取作满载吃水平面的前后左右对称点) 上的附体坐标系,规定 x 轴指向船首,y 轴指向右舷,z 轴指向龙骨,各轴向的单位向量分别记为 $\boldsymbol{i}$、$\boldsymbol{j}$、$\boldsymbol{k}$。由于坐标系统 $Oxyz$ 随船舶在空间作任意的运动,所以为非惯性的。

依据 SNAME (造船工程协会) 约定,船舶的位置和姿态相对于惯性坐标系定义,而平移速度和角速度相对于附体坐标系定义。

2. 相对于附体坐标系的运动学[122]

船舶的任意运动用刚体力学的观点分析,可以视为由两部分运动叠加而成:一部分是随参考点 O 的平动;另一部分则为绕该参考点的转动。令 $\boldsymbol{V}_O$ 代表点 O 上的绝对速度向量,它在 $Oxyz$ 坐标系上的 3 个分量分别为 u、v、w,u 称为前进速度 (surge velocity),v 称为横移速度 (sway velocity),w 称为垂荡速度 (heave velocity)。则有

$$\boldsymbol{V}_O = u\boldsymbol{i} + v\boldsymbol{j} + w\boldsymbol{k} \tag{3.1}$$

船舶绕 O 点的转动角速度向量以 $\boldsymbol{\Omega}$ 表示,后者与点 O 的位置选择无关。令其在坐标系 $Oxyz$ 上的 3 个分量分别为 p、q、r,p 为横摇角速度 (rolling rate),q 为纵摇角速度 (pitching rate),r 称为艏摇角速度 (yaw rate)。于是有

$$\boldsymbol{\Omega} = p\boldsymbol{i} + q\boldsymbol{j} + r\boldsymbol{k} \tag{3.2}$$

上述 6 个运动学物理量 u、v、w、p、q、r 是按照图 3.1 所示的右螺旋规则规定的正方向。对于绝大多数的船舶运动而言,前进运动占主导地位,同时伴随着其他自由度方向上的振荡运动。

3. 相对于惯性坐标系的运动学[122]

船舶在 $O_O X_O Y_O Z_O$ 内的运动可以用它的位置和姿态描述,其中位置指的是附体坐标系原点 O_O 的 3 个空间坐标 X_O,Y_O,Z_O,后者的时间变化率就是 $\boldsymbol{V}_O$ 在 3 个惯性坐标轴上的分量,以

U、V、W 表示，即 $\dot{X}_O = U$，$\dot{Y}_O = V$，$\dot{Z}_O = W$。显然有

$$V_O = U\boldsymbol{i}_O + V\boldsymbol{j}_O + W\boldsymbol{k}_O \tag{3.3}$$

船舶的姿态指的是它的 3 个欧拉角，后者实际上确定了附体坐标系 $Oxyz$ 与惯性坐标系 $O_OX_OY_OZ_O$ 之间的方位关系，以 ϕ、θ、ψ 表示。见图 3.1，ψ 称为方位角（azimuth），θ 称为纵倾角（pitching angle），ϕ 称为横倾角（rolling angle）。船舶当前的位置是 X_O，Y_O，Z_O 的一系列变化到达的，船舶当前的姿态是由欧拉角 ϕ、θ、ψ 的一系列变化而实现的。

4. 两个坐标系内运动学物理量之间的关系[4,122-127]

船舶六自由度的任意运动既可以在附体坐标系内用速度向量 $\boldsymbol{u}$、$\boldsymbol{v}$、$\boldsymbol{w}$ 和角速度向量 $\boldsymbol{p}$、$\boldsymbol{q}$、$\boldsymbol{r}$ 描述，也可以在惯性坐标系内用位置向量的导数 $\dot{X}_O$、$\dot{Y}_O$、$\dot{Z}_O$ 及欧拉角姿态向量的导数 $\dot{\phi}$、$\dot{\theta}$、$\dot{\psi}$ 表达，视问题的性质及分析者的要求而定。上述两组变量之间存在着下列的变换关系[4,122]：

$$\begin{bmatrix} \dot{X}_O \\ \dot{Y}_O \\ \dot{Z}_O \end{bmatrix} = T_V \begin{bmatrix} u \\ v \\ w \end{bmatrix} \tag{3.4}$$

$$\begin{bmatrix} \dot{\phi} \\ \dot{\theta} \\ \dot{\psi} \end{bmatrix} = T_\Omega \begin{bmatrix} p \\ q \\ r \end{bmatrix} \tag{3.5}$$

式中，T_V、T_Ω 分别为变换矩阵

$$T_V = \begin{bmatrix} \cos\theta\cos\psi & \sin\phi\sin\theta\cos\psi-\cos\phi\sin\psi & \cos\phi\sin\theta\cos\psi+\sin\phi\sin\psi \\ \cos\theta\sin\psi & \sin\phi\sin\theta\sin\psi+\cos\phi\cos\psi & \cos\phi\sin\theta\sin\psi-\sin\phi\sin\psi \\ -\sin\theta & \sin\phi\cos\theta & \cos\phi\cos\theta \end{bmatrix}$$

$$T_\Omega = \begin{bmatrix} 1 & \sin\phi\tan\theta & \cos\phi\tan\theta \\ 0 & \cos\phi & -\sin\phi \\ 0 & \sin\phi\sec\theta & \cos\phi\sec\theta \end{bmatrix}$$

■ 3.2.2 船舶耦合运动方程建模

应用牛顿刚体力学的动量定理和动量矩定理于船舶的任意运动，可得到 3 个平移运动方程和 3 个转动运动方程[4,122,125]：

$$
\begin{cases}
\sum X = m\Big\{[\dot{u}]_{(\mathrm{I})} + [(wq-vr)]_{(\mathrm{II})} - [x_G(q^2+r^2) - y_G(pq-\dot{r}) - \\
\qquad z_G(pr+\dot{q})]_{(\mathrm{III})}\Big\} \\[2mm]
\sum Y = m\Big\{[\dot{v}]_{(\mathrm{I})} + [(ur-wp)]_{(\mathrm{II})} - [y_G(r^2+p^2) - z_G(qr-\dot{p}) - \\
\qquad x_G(qp+\dot{r})]_{(\mathrm{III})}\Big\} \\[2mm]
\sum Z = m\Big\{[\dot{w}]_{(\mathrm{I})} + [(vp-qu)]_{(\mathrm{II})} - [z_G(p^2+q^2) + x_G(rp-\dot{q}) - \\
\qquad y_G(rq+\dot{p})]_{(\mathrm{III})}\Big\}
\end{cases}
$$

$$(3.6)$$

$$
\begin{cases}
\sum L = [I_{xx}\dot{p} - I_{xy}\dot{q} - I_{xz}\dot{r}]_{(\mathrm{I})} + [-(I_{yy}-I_{zz})qr + I_{xy}rp - I_{xz}pq - \\
\qquad I_{yz}(q^2-r^2)]_{(\mathrm{II})} + [my_G(\dot{w}+pv-qu) - mz_G(\dot{v}+ru-pw)]_{(\mathrm{III})} \\[2mm]
\sum M = [I_{yy}\dot{q} - I_{yz}\dot{r} - I_{yx}\dot{p}]_{(\mathrm{I})} + [-(I_{zz}-I_{xx})rp + I_{yz}pq - I_{xy}qr - \\
\qquad I_{xz}(r^2-p^2)]_{(\mathrm{II})} + [mz_G(\dot{u}+qw-rv) - mx_G(\dot{w}+pv-qu)]_{(\mathrm{III})} \\[2mm]
\sum N = [I_{zz}\dot{r} - I_{xz}\dot{p} - I_{yz}\dot{q}]_{(\mathrm{I})} + [-(I_{xx}-I_{xy})qp + I_{zz}qr - I_{yz}rp - \\
\qquad I_{xy}(p^2-q^2)]_{(\mathrm{II})} + [mx_G(\dot{v}+ru-pw) - my_G(\dot{u}+qw-rv)]_{(\mathrm{III})}
\end{cases}
$$

$$(3.7)$$

式（3.6）的右端是外力合力 $\sum F$ 的各分量；右端第 1 项代表刚体的加速运动引起的惯性力；第 2 项代表 $Oxyz$ 坐标系转动而引起的惯性力，实际上是离心惯性力；第 3 项可解释为附体坐标系原点 O 与重心 G 不重合造成的附加惯性力。

式（3.7）中，m 为船舶质量，I_{xx}，I_{yy}，I_{zz} 分别为关于 Ox，Oy，Oz 轴的惯性矩，而 I_{xy}，I_{yz}，I_{xz} 分别为关于 xy，yz，

zx 各平面的惯性积。装载情况一定时，这些惯性矩和惯性积都是常量，构成了一个惯性矩阵。$\sum L$，$\sum M$，$\sum N$ 是关于动坐标系原点 O 的合力矩的分量；右端第 1 项代表刚体的加速转动造成的惯性力矩；第 2 项代表陀螺效应引起的惯性力矩；第 3 项可解释为附体坐标系原点 O 与质心 G 不重合造成的附加惯性力矩。其他参数定义见文献 [4，122，125]。

式（3.6）和式（3.7）构成船舶运动数学模型的基本框架，用于处理 6 个自由度的系统动态分析问题。为了书写方便，式（3.6）和式（3.7）常压缩为如下形式：

$$M_{\mathrm{RB}}\dot{v} + C_{\mathrm{RB}}(v)v = \tau_{\mathrm{RB}} \tag{3.8}$$

式中 $v = [\,u\ v\ w\ p\ q\ r\,]^{\mathrm{T}}$，$\tau_{\mathrm{RB}} = [\ \sum X\quad \sum Y\quad \sum Z\quad \sum K\quad \sum M$

$\sum N\,]^{\mathrm{T}}$，

$$M_{\mathrm{RB}} = \begin{bmatrix} m & 0 & 0 & 0 & mz_G & -my_G \\ 0 & m & 0 & -mz_G & 0 & mx_G \\ 0 & 0 & m & my_G & -mx_G & 0 \\ 0 & -mz_G & my_G & I_x & -I_{xy} & -I_{xz} \\ mz_G & 0 & -mx_G & -I_{yx} & I_y & -I_{yz} \\ -my_G & mx_G & 0 & -I_{zx} & -I_{zy} & I_z \end{bmatrix}$$

$$\tag{3.9}$$

$$C_{\mathrm{RB}}(v) = \begin{pmatrix} 0 & 0 & 0 \\ 0 & 0 & 0 \\ 0 & 0 & 0 \\ -m(y_Gq+z_Gr) & m(y_Gp+w) & m(z_Gp-v) \\ m(x_Gq-w) & -m(z_Gr+x_Gp) & m(z_Gq+u) \\ m(x_Gr+v) & m(y_Gr-u) & -m(x_Gp+y_Gq) \end{pmatrix}$$

$$\left.\begin{array}{ccc} m(y_Gq + z_Gr) & -m(x_Gq - w) & -m(x_Gr + v) \\ -m(y_Gp + w) & m(z_Gr + x_Gp) & -m(y_Gr - u) \\ -m(z_Gp - v) & -m(z_Gq + u) & m(x_Gp + y_Gq) \\ 0 & -I_{yz}q - I_{xz}p + I_{zz} & I_{yz}r + I_{xy}p - I_{yy}q \\ I_{yz}q + I_{xz}p - I_{zz}r & 0 & -I_{xz}r - I_{xy}q + I_{xx}p \\ -I_{yz}r - I_{xy}p + I_{yy}q & I_{xz}r + I_{xy}q - I_{xx}p & 0 \end{array}\right)$$

$$(3.10)$$

τ_{RB} 是所有的外部合力和合力矩，包括水动力和力矩 τ_H、外部干扰力和力矩 τ_E 以及推进力和力矩 τ。具体细节见文献 [4，122，125]。

■3.2.3 船舶水平面三自由度一般方程

本书主要研究船舶在水平面的运动。对于大多数船舶运动及其控制问题而言，如航向控制、航迹控制或中等强度以下的操纵状态时，其主要运动变量是前进速度 u，横移速度 v，艏摇角速度 r，至于垂荡、横摇、纵摇运动的影响可以忽略，即认为船舶作平面运动，因而取 $w = p = q = 0$。这样就简化成一种只有 3 个自由度的船舶运动问题，如图 3.2 所示。图中 ψ 为航向角，δ 为舵角，β 为漂角，V 为船舶运动速度。

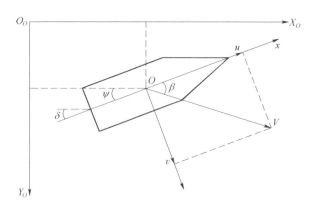

图 3.2　船舶水平面运动示意图

考虑到船舶质量分布对称于 xz 平面，有 $I_{xy} = I_{yz} = 0$，且 $y_G = 0$，于是船舶运动方程简化为如下形式[125]：

$$
\left.
\begin{aligned}
m(\dot{u} - rv - x_G r^2) &= X \\
m(\dot{v} + ru - x_G \dot{r}) &= Y \\
I_{zz}\dot{r} + mx_G(\dot{v} + ru) &= N
\end{aligned}
\right\}
\tag{3.11}
$$

式中，u、v、r 的定义同前。x_G 是重心 G 的 x 轴坐标，若坐标原点 O 与重心 G 重合时，$x_G = 0$；m 为船体质量，I_{zz} 是环绕 z 轴的转动惯量；式（3.11）右边的 X，Y，N 分别为 x，y，z 方向上作用于船体上的流体水动力和力矩。

采用 MMG 分离建模的思想，将其分为裸体船、螺旋桨和舵的力和力矩，因为作用在裸船体上的流体动力及力矩按照产生的性质可分为惯性类和黏性类，则式（3.11）可以变为

$$
\left.
\begin{aligned}
m(\dot{u} - rv - x_G r^2) &= X_I + X_H + X_P + X_R \\
m(\dot{v} + ru - x_G \dot{r}) &= Y_I + Y_H + Y_P + Y_R \\
I_{zz}\dot{r} + mx_G(\dot{v} + ru) &= N_I + N_H + N_P + N_R
\end{aligned}
\right\}
\tag{3.12}
$$

式中各量下标含义为：I 表示船体惯性项，H 表示船体黏性项，P 表示螺旋桨，R 表示舵。

文献［122］给出了流体惯性力和力矩分解式为

$$
\left.
\begin{aligned}
X_I &= -\left[m_x \dot{u} - m_y rv - m_y \alpha_x r^2 \right] \\
Y_I &= -\left[m_y \dot{v} + m_x ru - m_y \alpha_x \dot{r} \right] \\
N_I &= -\left[J_{zz}\dot{r} + m_y \alpha_x(\dot{v} + ru) + (m_y - m_x)uv \right]
\end{aligned}
\right\}
\tag{3.13}
$$

式中，m_x，m_y 分别为 x，y 方向上的附加质量，α_x 为 m_y 作用中心的坐标值。

假设船舶前后对称，则有 $\alpha_x \approx 0$。同时假设附体坐标系的原点在船舶中心，化简（3.13），并代入式（3.12）得

$$
\left.
\begin{aligned}
(m + m_x)\dot{u} - (m + m_y)rv &= X_H + X_P + X_R \\
(m + m_y)\dot{v} + (m + m_x)ru &= Y_H + Y_P + Y_R \\
(I_{zz} + J_{zz})\dot{r} &= N_H + N_P + N_R
\end{aligned}
\right\}
\tag{3.14}
$$

求船舶的附加质量 m_x，m_y 及附加惯性矩 J_{zz} 的方法有理论方法和实验方法两种，详细情况见文献 [122]。

1. 作用在船体上的流体动力计算模型

大量研究表明，作用于裸船体上流体动力是漂角 β 和艏摇角速度 r 的函数。当船舶纵向速度较大、横向速度较小，即 β 较小时，描述流体动力的模型主要有井上模型和贵岛模型。这里只给出井上模型：

$$\left.\begin{aligned} X_{\mathrm{H}} &= X_{uu}u^2 + X_{vv}v^2 + X_{vr}vr + X_{rr}r^2 \\ Y_{\mathrm{H}} &= Y_v v + Y_r r + Y_{vv}|v|v + Y_{vr}|v|r + Y_{rr}|r|r \\ N_{\mathrm{H}} &= N_v v + N_r r + N_{vv}|v|v + N_{vvr}v^2 r + N_{vrr}vr^2 \end{aligned}\right\} \quad (3.15)$$

X_{uu}、X_{vv}、Y_v、N_v 等为水动力导数，可由船型参数求得。其具体计算方法见文献 [128-131]。

2. 螺旋桨产生的流体动力模型

螺旋桨流体动力模型为

$$\left.\begin{aligned} X_{\mathrm{P}} &= (1 - t_{\mathrm{P}})\rho n^2 D_{\mathrm{P}}^4 k_{\mathrm{T}} J_{\mathrm{P}} \\ Y_{\mathrm{P}} &= 0 \\ N_{\mathrm{P}} &= 0 \end{aligned}\right\} \quad (3.16)$$

式中，$Y_{\mathrm{P}} = 0$，$N_{\mathrm{P}} = 0$，原因是 Y_{P} 与船体横向力和舵的横向力相比是个小量。MMG 模型将 Y_{P} 和 N_{P} 归在裸体船流体动力模型中。其他参数含义见文献 [122]。

3. 舵力计算模型

舵力计算模型如下：

$$\left.\begin{aligned} X_{\mathrm{R}} &= (1 - t_{\mathrm{R}})F_{\mathrm{N}}\sin\delta \\ Y_{\mathrm{R}} &= (1 + \alpha_{\mathrm{H}})F_{\mathrm{N}}\cos\delta \\ N_{\mathrm{R}} &= (x_{\mathrm{R}} + \alpha_{\mathrm{H}} \cdot x_{\mathrm{H}})F_{\mathrm{N}}\cos\delta \end{aligned}\right\} \quad (3.17)$$

其中，相关参数及计算见文献 [122]。

■ 3.2.4　简化的船舶水平面三自由度运动模型

由文献 [4] 可知，式 (3.14) 可以表示为如下简化形式：

$$\left.\begin{aligned}\dot{\eta} &= J(\eta)\upsilon\\M\dot{\upsilon} &= -C(\upsilon)\upsilon - D(\upsilon)\upsilon + \tau + \tau_{\mathrm{E}}\end{aligned}\right\} \qquad (3.18)$$

式中：$\eta = \begin{bmatrix} x & y & \psi \end{bmatrix}^{\mathrm{T}}$；$\upsilon = \begin{bmatrix} u & v & r \end{bmatrix}^{\mathrm{T}}$；$M$ 是惯性参数矩阵，包含了船舶的重量惯性和水动力附加的惯性；$C(\upsilon)$ 是科里奥利和向心力矩阵；$D(\upsilon)$ 为阻尼参数矩阵（黏性类流体动力和力矩参数）；$\tau = \begin{bmatrix} \tau_u & 0 & \tau_r \end{bmatrix}^{\mathrm{T}}$，$\tau_u$ 为推进力，τ_r 为偏航转矩；$\tau_{\mathrm{E}} = \begin{bmatrix} \tau_{u\mathrm{E}} & \tau_{v\mathrm{E}} & \tau_{r\mathrm{E}} \end{bmatrix}^{\mathrm{T}}$ 为 $\tau_{u\mathrm{E}}$、$\tau_{v\mathrm{E}}$、$\tau_{r\mathrm{E}}$ 分别为作用在前行、横向和偏航上的海况干扰；$J(\eta)$、M、$C(\upsilon)$、$D(\upsilon)$ 的表达式为

$$J(\eta) = \begin{bmatrix} \cos(\psi) & -\sin(\psi) & 0 \\ \sin(\psi) & \cos(\psi) & 0 \\ 0 & 0 & 1 \end{bmatrix}, \quad M = \begin{bmatrix} m_{11} & 0 & 0 \\ 0 & m_{22} & m_{23} \\ 0 & m_{32} & m_{33} \end{bmatrix},$$

$$C(\upsilon) = \begin{bmatrix} 0 & 0 & C_{13} \\ 0 & 0 & C_{23} \\ C_{31} & C_{32} & 0 \end{bmatrix}, \quad D(\upsilon) = \begin{bmatrix} d_{11} & 0 & 0 \\ 0 & d_{22} & 0 \\ 0 & 0 & d_{33} \end{bmatrix}$$

矩阵中各变量为

$m_{11} = m - X_{\dot{u}}$，$m_{22} = m - Y_{\dot{v}}$，$m_{23} = mx_G - Y_{\dot{r}}$，$m_{32} = mx_G - N_{\dot{v}} Y_{\dot{r}}$，

$m_{33} = I_Z - N_{\dot{r}}$，

$C_{13} = -C_{31} = -m_{22}v$，$C_{23} = -C_{32} = -m_{11}u$；

$d_{11} = -X_u$，$d_{22} = -Y_v$，$d_{33} = -N_r$。

注意：尽管大部分船舶满足左右对称，但一般不满足前后对称，因此，M 矩阵中非对角线上的元素是非零的。然而，非对角线上的元素和对角线上的元素相比都是比较小的，因此，在很多分析中为了简化，取 $m_{23} = m_{32} = 0$。

■ 3.2.5　响应型船舶运动数学模型

响应型模型是船舶运动模型的另一种表达方式。20 世纪 50 年代末，野本（Nomoto）从控制工程的观点将船舶看成为一个动态系统，以舵角为输入、舰向角或艏摇角速度为系统的输出，建立了描述系统输入输出响应关系的线性响应模

型[4,122,125]。以后根据不同的需要，又建立了非线性响应型模型。响应型模型在经典控制论以及智能控制范畴内用于分析船舶运动的动态行为，可作为设计航向、航迹的保持或跟踪控制器的基础。

1. 二阶线性响应模型

假设船舶初始状态为匀速直线运动时，所有变量具有零初值。此时得到舵角 δ 到航向角 ψ 的传递函数为

$$G(s) = \frac{\psi(s)}{\delta(s)} = \frac{K_0(T_3 s + 1)}{s(T_1 s + 1)(T_2 s + 1)} \qquad (3.19)$$

写成微分方程的形式

$$\dddot{\psi} + \left(\frac{1}{T_1} + \frac{1}{T_2}\right)\ddot{\psi} + \frac{1}{T_1 T_2}\dot{\psi} = \frac{K_0}{T_1 T_2}(T_3\dot{\delta} + \delta) \qquad (3.20)$$

也可写成舵角 δ 和艏摇角速度 r 的形式

$$T_1 T_2 \ddot{r} + (T_1 + T_2)\dot{r} + r = K_0(T_3\dot{\delta} + \delta) \qquad (3.21)$$

式中，T_1、T_2、T_3 为时间常数，且

$$T_1 T_2 = \frac{(m+m_y)(I_{zz}+J_{zz})}{C}; \quad T_1+T_2 = \frac{-(m+m_y)N_r - (I_{zz}+J_{zz})Y_v}{C};$$

$$K_0 = \frac{N_v Y_\delta - N_\delta Y_v}{C}; \quad T_3 = \frac{(m+m_y)N_\delta}{N_v Y_\delta - N_\delta Y_v}; \quad C = Y_v N_r - N_v[Y_r - (m+m_x)u_0]。$$

式（3.21）通常称为二阶响应模型。

2. Nomoto 模型

船舶运动时呈现出非常大的惯性，且操舵机构的能量有限，能提供的舵叶运动速度通常低于 3(°)/s，因此船舶运动具有低频特性。在低频下可近似为一阶模型（又称 $K-T$ 方程）：

$$G(s) = \frac{\psi(s)}{\delta(s)} = \frac{K_0}{s(T_0 s + 1)} \qquad (3.22)$$

式中：K_0，T_0 分别为系统增益和系统时间常数，K_0 的定义同式（3.21）；$T_0 = T_1 + T_2 - T_3$；写成微分方程即为著名的 Nomoto

模型：

$$T_0\ddot{\psi} + \dot{\psi} = K_0\delta \qquad (3.23)$$

由于 Nomoto 模型是一阶线性微分方程，求解和分析问题方便，且从力学的观点看，T_0 和 K_0 都具有鲜明的物理意义，又便于实验测定，所以在水面船舶的运动控制研究上得到广泛的应用。

3. Norrbin 模型

对于一大类船舶，在小舵角和低频舵动情况下，式（3.20）精确地描述了船舶在航向保持情况下的航向动态行为。但是在某些操纵条件下，如涉及大舵角的变航操纵等，力和力矩的泰勒展开式中的非线性高阶项会变得十分重要。运动方程则变为非线性的。为了改善模型描述精度，Norrbin 在 1963 年提出了用逆螺旋操纵试验产生的非线性项 $N_H(\dot{\psi})$ 来替代 Nomoto 模型中的 $\dot{\psi}$，$H_N(\dot{\psi})$ 将描述船舶非线性操纵特性，通常取 3 阶多项式：

$$H_N(\dot{\psi}) = a_0 + a_1\dot{\psi} + a_2\dot{\psi}^2 + a_3\dot{\psi}^3 \qquad (3.24)$$

式中，a_i（$i = 0$，1，2，3）称为 Norrbin 系数。对于具有对称船体的船舶，a_0 和 a_2 约为 0，所以，Nonbin 非线性船舶运动模型通常表示为

$$T_0\ddot{\psi} + a_1\dot{\psi} + a_3\dot{\psi}^3 = K_0\delta \qquad (3.25)$$

4. Bech 模型

非线性响应模型的另一种形式是 Bech 推导得出的。他将二阶线性响应模型附加一项，得到如下形式：

$$T_1T_2\ddot{r} + (T_1 + T_2)\dot{r} + r = K_0(T_3\dot{\delta} + \delta - \delta_x) \qquad (3.26)$$

式中，δ_x 是对应于 $\ddot{r} = \dot{r} = r = \dot{\delta} = 0$ 的舵角。式（3.26）对于一般的船舶，特别是不具有稳定性的船舶，在 r 和 δ 较小的范围内可以比较精确地描述它们的动态特性。

把式（3.26）改写为如下形式：

$$\ddot{r} + \left(\frac{1}{T_1} + \frac{1}{T_2}T_2\right)\dot{r} + \frac{K_0}{T_1 T_2}H(r) = \frac{K_0}{T_1 T_2}(T_3\dot{\delta} + \delta) \quad (3.27)$$

式（3.27）即为著名的 Bech 非线性模型。式中，$H(r)$ 一般根据螺旋试验曲线来确定，而对于不具有回转运动稳定性的船舶需要由逆螺旋试验曲线确定。$H(r)$ 与野本非线性模型有下列关系：

$$H(r) = (r + ar^3)/K \quad (3.28)$$

■ 3.2.6 舵机模型

舵机伺服系统是一个相当复杂的电液伺服系统，主要包括舵令发送、电液放大、液压功率放大及舵角反馈部分。系统具有纯迟延、死区、滞环、饱和等非线性特性，这些因素在很大程度上影响到航向和航迹闭环控制系统的性能。因此，要获得良好的航向和航迹控制质量，不仅要依赖各种高级的控制算法，还需十分注意操舵伺服系统这一舵角闭环的动态行为。

在对舵机建模时，精确的描述应该采用高阶数学模型，但从控制的角度可把舵机系统看作是一个在积分环节上加负反馈所构成的闭环，是一个一阶惯性过程：

$$\dot{\delta} = -\frac{1}{T_E}\delta + \frac{1}{T_E}\delta_c \quad (3.29)$$

式中，δ_c 为命令舵角，在手工操船时，δ_c 由操船人员给定；在自动驾驶时，δ_c 由自动舵控制系统给定；T_E 为舵机的时间常数，一般为几秒的数量级。

式（3.29）表明，舵机模型的增益为 1，实际舵角以时间常数为 T_E 跟踪舵令变化。

此外，必须考虑舵机的实际情况，即舵机的饱和非线性：

$$\delta_{max} = 35°$$

和舵速限制

$$\dot{\delta}_{max} = (2 \sim 7)°/s$$

本书引用文献［4］中简化舵机非线性模型的一种，如图 3.3

所示。

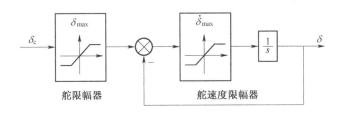

图 3.3　简化舵机非线性模型

3.3　干扰的数学模型

　　船舶在大海中航行经常受到风、浪、流的干扰，为了研制出适应性好、鲁棒性强的船舶航向、航迹控制器，必须考虑到各种环境干扰对控制系统的影响。

　　船舶在海上航行时受到的扰动大致可分为 3 类[4]：

　　1）船舶航行水域的水深、船舶的载荷、航行速度等的变化。这些变化将使船舶的水动力或水动力矩发生改变，其效果相当于船舶运动模型发生变化。

　　2）船舶航行过程中，经常受到风、流、浪的作用，由此产生了相应的干扰力和干扰力矩。

　　3）船舶航行过程中，电源和油源的波动以及测量噪声也会产生相应的扰动。

　　上述 3 种类型的扰动中，第 1 种扰动源自系统内部的不确定性，将改变船舶运动模型，很难计算出来，这也是本书要研究鲁棒控制算法的原因之一。第 2 种扰动是船舶在海上航行时遇到的干扰，是不可测的，它们对船舶的航行有着很大的影响，因此在设计自动舵时，必须予以考虑。第 3 种扰动属低频干扰，比前两种干扰的影响小得多，在实际中可以通过相应的措施将此种干扰的影响降到最低。下面重点讨论第 2 种干扰（即风、流、浪）的数学模型。

▌3.3.1 海风干扰

风力分成平均风力和脉动风力。作用在船体上平均风压力和力矩为

$$
\left.
\begin{aligned}
X_{\text{WIND}} &= \frac{1}{2}\rho_a A_f V_R^2 C_{Xa}(\alpha_R) \\
Y_{\text{WIND}} &= \frac{1}{2}\rho_a A_s V_R^2 C_{Ya}(\alpha_R) \\
N_{\text{WIND}} &= \frac{1}{2}\rho_a A_s V_R^2 C_{Na}(\alpha_R)
\end{aligned}
\right\}
\tag{3.30}
$$

式中：ρ_a 为空气密度，$\rho_a = 0.125\text{kg/m}^3$；$V_R$ 为相对风速；α_R 为相对风向角（或称风舷角），是相对风速与艏向角的夹角；A_f 为船舶水线上的正投影面积；A_s 为水线上侧投影面积；$C_{Xa}(\alpha_R)$、$C_{Ya}(\alpha_R)$、$C_{Na}(\alpha_R)$ 分别为 X、Y 方向的风压力系数和绕 z 轴的风压力矩系数，一般这些系数由风洞试验获得。

脉动风由大气湍流造成，一般认为是某种白噪声。

▌3.3.2 海浪干扰

波浪干扰力是各种干扰中最复杂的一种。波浪干扰力分为两部分，一部分是一阶波浪干扰力，也称高频波浪干扰力，这是在假设波浪为微幅波，引起船舶振荡不大的情况下，与波高成线性关系并且与波浪同频率的波浪力；另一部分是二阶波浪力，也称波浪漂移力，该波浪力与波高平方成比例。一般说来，二阶波浪力会产生船舶位置的漂移，而对航向的影响较小。因此，主要讨论一阶波浪力的计算方案。对于箱形船，规则波对于船的传播方向称为浪向角，用 χ 表示为

$$
\chi = \pi - (\alpha_{\text{WAVE}} - \psi) \tag{3.31}
$$

其中，$\chi = 0$ 为顺浪，$\chi = \pi$ 为顶浪，$\chi = \pm\dfrac{\pi}{2}$ 为横浪（"+"表示浪从右舷来）。

船对波浪的遭遇频率为

$$\omega_e = \omega - ku\cos X + kv\sin X \tag{3.32}$$

式中，ω 为规则波本身的圆频率；k 为波数。

规则波作用在船体上的波浪力和力矩为

$$
\left.
\begin{aligned}
X_{\mathrm{WAVE}} &= 2aB \frac{\sin b \cdot \sin c}{c}s(t) \\[2mm]
Y_{\mathrm{WAVE}} &= -2aL \frac{b \cdot \cos b - \sin c}{c}s(t) \\[2mm]
N_{\mathrm{WAVE}} &= ak\left(B^2\sin b \frac{c \cdot \cos c - \sin c}{c^2} - L^2\sin c \frac{b \cdot \cos b - \sin b}{b^2}\right)\xi(t)
\end{aligned}
\right\} \tag{3.33}
$$

式中，$a = \rho g(1 - e^{-kT})/k^2$；$b = kL/2 \cdot \cos X$；$c = kB/2 \cdot \sin X$；$s(t)$ 为波面斜率方程，$s(t) = (kh_{\mathrm{W}}/2) \cdot \sin(\omega_e t)$；$\xi(t)$ 为波面方程，$\xi(t) = (h_{\mathrm{W}}/2) \cdot \cos(\omega_e t)$。其中，$g$ 为重力加速度，h_{W} 为波高，k 为波数，ω_e 为遭遇频率，B 为船宽，L 为船长。

为了求波浪的影响项，给出波浪干扰力和力矩如下：

$$
\left.
\begin{aligned}
Y_{\mathrm{W}} &= \frac{1}{2}\rho L h_{\mathrm{W}}\sin(\omega_e t) C_{YW} \\[2mm]
N_{\mathrm{W}} &= \frac{1}{2}\rho L^2 h_{\mathrm{W}}\cos(\omega_e t) C_{NW}
\end{aligned}
\right\} \tag{3.34}
$$

式中，$C_{YW} = -\dfrac{2g(1 - e^{-kd})}{k} \dfrac{\sin b \cdot \sin c}{c}$；

$$C_{NW} = \frac{g\ (1 - e^{-kd})}{k}\left(\frac{B^2}{L^2}\sin b \frac{c \cdot \cos c - \sin c}{c} - \sin c \frac{b \cdot \cos b - \sin b}{b^2}\right)。$$

可求出波浪的影响项为

$$f_{\mathrm{W}} = \frac{1}{2V^2 d}\left(\frac{-Y_v' C_{NW}\cos(\omega_e t) + N_v' C_{YW}\sin(\omega_e t)}{-N_v' Y_\delta' + Y_v' N_v'}\right)h_{\mathrm{W}}^2 \tag{3.35}$$

在实际船舶运动控制仿真时，为了简化计算，海风和海浪对船舶运动的影响可以采用白噪声通过一个二阶波浪传递函数来获得[4,132]。即

$$y(s) = h(s)w(s) \tag{3.36}$$

式中，$w(s)$ 为零均值高斯白噪声，功率谱密度为 0.1；$h(s)$ 是一个二阶海浪传递函数

$$h(s) = \frac{K_\omega s}{s^2 + 2\zeta\omega_0 s + \omega_0^2} \tag{3.37}$$

式中，ω_0 是主导海浪频率；ζ 是阻尼系数；K_ω 是增益常数，且 $K_\omega = 2\zeta\omega_0\sigma_m$，$\omega_0 = 4.85/T_\omega$，$\sigma_m = \sqrt{0.0185T_\omega h_{1/3}}$。如果 $T_\omega = 8$ s，$h_{1/3} = 3$ m，$\zeta = 0.3$ 时，$K_\omega = 0.42$，$\sigma_m = 1.154$，$\omega_0 = 0.606$，$f \approx 0.1$ Hz。此时，海况为风力 5 级、大浪，适合海浪干扰情况下的仿真。

■3.3.3 海流干扰

海流对船舶运动的影响可以等效为船舶相对于海水的相对速度变化所引起的附加干扰力和力矩。一般来说，在短时间内，海流可以认为是恒定不变的，即流速 V_e 为常量，对船舶的航向运动来说，海流的存在将引起一个绕 Oz 轴的附加干扰力矩，其表达式为

$$N_c = \frac{1}{2}\rho V_c^2 L_s^2 C_{Nc}(\beta) \tag{3.38}$$

式中，ρ 为海水密度；L_s 为船舶的水线长；β 为漂角；$C_{Nc}(\beta)$ 为与漂角有关的系数。

实际仿真时，可以用一个恒值干扰来模拟[4,133]。

3.4 小 结

本章主要讨论了船舶运动模型的建立，给出了平面内船舶

三自由度的船舶运动方程式；在此基础上，给出了响应型线性
Nomoto 船舶模型和非线性 Norrbin 船舶模型以及 Bech 模型；
讨论了风、浪、流等干扰的影响极其简化的模型，为后面的航
迹、航向控制器设计及仿真研究奠定了基础。

第 *4* 章

船舶航向控制器设计

4.1 引 言

船舶航向控制的目的是设计航向控制器控制船舶按预定的航向行驶。船舶航向控制的任务是航向保持和航向改变[4]，其控制框图如图 4.1 所示。

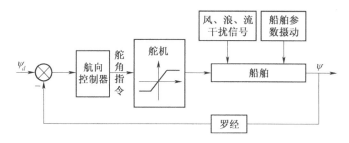

图 4.1 船舶航向控制系统框图

船舶航向控制是船舶运动控制中的重要研究课题，其性能直接影响着航行的经济性和安全性。由于船舶运动具有大惯性、大时滞、非线性等特点，又易受风、浪、流等干扰的影响，航行条件（如航速、装载情况和水深等）的变化和测量的不精确性等因素都使船舶动态产生两种明显的不确定性[4]，即模型参数和外界干扰的不确定性。因此，船舶航向控制是一个复杂的非线性不确定性系统的控制问题。用传统的 PID 策略和自适应控制已远不能胜任当前对系统的控制性能和鲁棒性能的要求。要想获得良好的航向保持和跟踪性能，必须设计能够消除不确定性影响的具有强鲁棒性的控制器。

　　针对船舶模型存在的不确定性和环境干扰，本章基于船舶非线性响应模型，提出 3 种控制方案：第 1 种采用自抗扰控制技术实现，该方案充分发挥自抗扰控制技术的算法简单、抗干扰能力强、能够估计补偿不确定因素等优点，基于 Norrbin 不确定性响应模型设计了自抗扰航向控制器；第 2 种基于自适应模糊滑模控制方案，该方案通过自适应模糊推理系统对船舶动态系统中的未知非线性函数进行模糊逼近，解决船舶动态结构和参数不确定性问题及外部干扰；第 3 种是基于扰动观测器的 Backstepping 控制方案，该方案通过设计非线性干扰观测器（NDO），观测系统存在的不确定性和外部干扰，并在前向通道进行补偿从而解决系统的不确定性问题和外部干扰。

　　本章内容如下：首先介绍了基于二阶不确定性响应模型和三阶响应模型的自抗扰航向控制器设计方案，验证了自抗扰控制策略的有效性；其次，提出了自适应模糊滑模控制（AFSMC）策略，设计 AFSMC 航向控制器，对其稳定性进行分析，并给出 AFSMC 控制器的仿真结果；第三，基于 Backstepping 控制技术和扰动观测器设计了船舶航向控制器，同样给出了稳定性证明和仿真结果；最后对本章进行了总结。

4.2　基于自抗扰控制技术的船舶航向控制器设计

　　自抗扰控制技术（ADRC）是一种不依赖系统模型的新型控制技术，它能实时估计并补偿系统运行时受到的各种外扰和内扰的总和作用，结合特殊的非线性反馈结构实现良好的控制品质，具有抗干扰能力强、算法简单、便于数字化实现等特点。因此，本节采用 ADRC 技术进行船舶的航向控制器设计。

▌4.2.1 Norrbin 不确定性模型

式（3.25）给出了 Nonbin 非线性船舶运动模型，描述了以舵角 δ 为系统输入，以艏向角 ψ 或艏摇角速度 r 为系统输出的动态系统。当考虑船舶模型中存在的不确定性和舵机伺服机构时，应采用具有不确定性的 Norrbin 非线性模型：

$$(T + \Delta T)\ddot{\psi} + (\alpha + \Delta\alpha)\dot{\psi} + (\beta + \Delta\beta)\dot{\psi}^3 = (K + \Delta K)\delta + w \tag{4.1}$$

式中，T、K、α、β 为标称模型的参数，一般情况下在设计中认为是已知；ΔT、ΔK、$\Delta\alpha$、$\Delta\beta$ 为参数不确定项；$w = f_A + f_W$ 为外界干扰引起的不确定项，其中，f_A 是风的干扰影响项，f_W 是浪的干扰影响项。可以取一定幅值随机信号以模拟风、浪、流等外界干扰对船舶的综合随机干扰[4,105-106,133,134]。

式（4.1）可改写为

$$\ddot{\psi} = f_0 + f_\Delta + g_0\delta + g_\Delta\delta + w = f_0 + g_0\delta + \lambda \tag{4.2}$$

式中，$f_0 = -\dfrac{\alpha}{T}\dot{\psi} - \dfrac{\beta}{T}\dot{\psi}^3$，$g_0 = \dfrac{K}{T}$；$f_\Delta = -\dfrac{\Delta\alpha T - \alpha\Delta T}{T(T + \Delta T)}\dot{\psi} - \dfrac{\Delta\beta T - \beta\Delta T}{T(T + \Delta T)}\dot{\psi}^3$ 和 $g_\Delta = \dfrac{\Delta K T - K\Delta T}{T(T + \Delta T)}$ 代表不确定性；而 $\lambda = f_\Delta + g_\Delta\delta + w$ 表示集中不确定性。

假定参数不确定性是由船速引起的，可用时间常数和增益的无量纲值 T' 和 K' 消除船速对模型参数的影响。设船长为 L，船舶标称速度为 V，则标称模型参数为

$$T = \frac{T'L}{V}, \quad K = \frac{K'V}{L} \tag{4.3}$$

令 $x_1 = \psi$，$x_2 = \dot{\psi}$，$u = \delta$，则（4.2）可写为如下状态方程形式：

$$\left.\begin{array}{l} \dot{x}_1 = x_2 \\ \dot{x}_2 = f(x, t) + g_0 u \end{array}\right\} \tag{4.4}$$

式中，$f(x, t) = f_0 + \lambda$。把 $f(x, t)$ 扩张成新的状态变量，通过扩张状态观测器可以估计出其作用于系统的加速度的实时作用量，在控制量中对其进行补偿，即可消除系统"综合扰动"。

■ 4.2.2　船舶航向自抗扰控制器设计

1. 设计跟踪微分器（TD1）

首先对船舶的航向设定值设计二阶跟踪微分器 TD1。这样做的目的是：①通过调节 r 的大小可以安排适当的过渡过程；②由此能够得到生成控制律所需要的船舶航向设定值的一阶微分量。为了运算方便，TD1 采用线性跟踪微分器，具体算法为

$$\left.\begin{aligned}
v_1(k+1) &= v_1(k) + hv_2(k) \\
v_2(k+1) &= v_2(k) + h\{-r_1^2[v_1(k) - \psi_d] - 2r_1v_2(k)\}
\end{aligned}\right\}$$

$$(4.5)$$

式中，ψ_d 为所需输入的航向指令，所得的 v_1 为对 ψ_d 安排的过程，v_2 近似于 v_1 的微分，可调参数为 r_1；h 为计算机采样步长，下同。

2. 设计扩张状态观测器（ESO）

扩张状态观测器的设计有多种，从大的方面分有线性和非线性两大类，式（2.40）是一种一般形式的扩张状态观测器。从系统式（4.4）可知，作用于船舶的"加速度" $f(x, t)$ 中有已建模的确知的部分 f_0，于是，式（2.51）改造为如下形式：

$$\left.\begin{aligned}
e_1 &= z_1 - y \\
\dot{z}_1 &= z_2 - \beta_1 e_1 \\
\dot{z}_2 &= z_3 - \beta_2 \text{fal}(e_1, a_1, \delta) + f_0 + b_0 u \\
\dot{z}_3 &= -\beta_3 \text{fal}(e_1, a_2, \delta)
\end{aligned}\right\}$$

$$(4.6)$$

即把系统的已知部分 f_0 放进扩张状态观测器中，就有

$$z_1 \to x_1, \ z_2 \to x_2, \ z_3 \to x_3 = \lambda + (g_0 - b_0)u$$

就是说，扩张状态观测器式（4.6）中放入对象模型（船

舶）的完全已知部分，那么扩张的状态变量的估计值 z_3 估计的是作用于船舶的未知的"加速度"部分。

此外，当系统的输出被噪声污染时，要想用扩张状态观测器得到比较好的估计值，需要先滤波处理量测数据。由于船舶运动经常受到外界的强烈干扰，系统的航向输出不可避免地会受到噪声的干扰，所以设计扩张状态观测器时，采用跟踪微分器 TD2 来进行噪声滤波，并用微分信号进行预测所得到的滤波值来建立扩张状态观测器。记 TD2 的可调参数为 r_2 和 h_0，r_2越大，v_1 跟踪实际航向角 ψ 的速度越快；h_0 称为滤波因子，当积分步长确定后，扩大滤波因子，滤波效果更好，但会带来一定的相位延迟。

综上，船舶航向系统扩张状态观测器的具体算法如下：

$$
\left.
\begin{aligned}
&v_1(k+1) = v_1(k) + hv_2(k) \\
&v_2(k+1) = v_2(k) + h\mathrm{fst}(v_1(k) - \psi,\ v_2(k),\ r_2,\ h_0) \\
&\psi^*(k) = v_1(k) + k_0 h v_2(k) \\
&\varepsilon = z_1 - \psi^*(k) \\
&\dot{z}_1 = z_2 - \beta_{01}\varepsilon \\
&\dot{z}_2 = z_3 - \beta_{02}\mathrm{fal}(\varepsilon,\ a_1,\ \delta) + f_0 + b_0 u \\
&\dot{z}_3 = -\beta_{03}\mathrm{fal}(\varepsilon,\ a_2,\ \delta)
\end{aligned}
\right\}
$$

$$(4.7)$$

3. 设计非线性误差反馈控制律（NLSEF）

$$
\left.
\begin{aligned}
&e_1 = v_1 - z_1,\ e_2 = v_2 - z_2 \\
&u_0 = \beta_1 \mathrm{fal}(e_1,\ \alpha_{01},\ \delta) + \beta_2 \mathrm{fal}(e_2,\ \alpha_{02},\ \delta) \\
&u = (u_0 - f_0 - z_3)/b_0
\end{aligned}
\right\}
$$

$$(4.8)$$

这里的 β_1 和 β_2 为增益系数，控制量组成类似于 PD 的形式，不同的是将比例和微分的线性组合换成了非线性形式。实践证明，b_0 的取值只要比 g_0 稍小即可。

船舶航向自抗扰控制系统结构框图如图 4.2 所示。

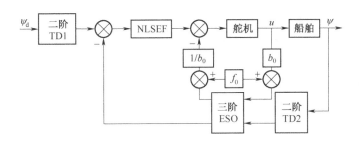

图 4.2 船舶航向自抗扰控制系统结构框图

4.2.3 自抗扰控制器参数整定

自抗扰控制器需要整定的参数较多，不过从自抗扰控制器的原理和结构来看，自抗扰控制器的各个组成部分各自独立地实现相应的功能，可以按照"分离性原理"分成 3 个独立的组成部分来进行设计。独立整定参数，就像线性系统理论中状态观测器设计和极点配置设计分别独立地进行设计一样。为了便于算法实现，ADRC 中的部分参数常常依据经验值提前确定。以上述航向自抗扰控制器的参数为例，为了实际应用时计算方便，对于指数函数的幂 a_1、a_2、α_{01}、α_{02}，通常在 ESO 中取 $a_1 = 0.5$，$a_2 = 0.25$；在非线性反馈中取 $\alpha_{01} = 0.65$，$\alpha_{02} = 0.55$，而且它们的改变不会对系统响应造成很大的影响[135-136]。因此，这 5 个参数可根据仿真结果单独整定。而 TD1，TD2 的参数很少，只有 r_1、r_2、h_0 可以根据微分跟踪器的性能和滤波性能单独确定。

ADRC 中的其他参数，如 ESO 中的 β_{01}、β_{02}、β_{03}，合理选择能够保证 ESO 稳定，也是 ADRC 稳定的必要条件。NLSEF 中的 β_1、β_2，相当于 PD 控制器中的比例系数和微分增益。β_{01}、β_{02}、β_{03} 和 β_1、β_2 可以通过实验反复调试得到，虽然文献 [120，135-136] 给出了参数整定的一般性原则，但调试起来仍然比较麻烦，工作量很大。因此，这里采用遗传算法进行整定。

4.2.3.1 TD 参数确定

TD 的参数设计与 ESO 和 NLSFE 相对独立，参数整定不会对系统的动静态特性产生影响，因此可以根据对过渡过程的要求和滤波性能确定参数。r 越大，过渡过程越短；h_0 越大，滤波效果越好。经实验调试，TD1 的参数 $r_1 = 30$，TD2 的参数 $r_2 = 15$，$h_0 = 0.5$。

4.2.3.2 ESO 和 NLSEF 参数确定

ESO 和 NLSEF 中的相关指数的幂 a_1、a_2、α_{01}、α_{02} 根据前面内容按经验确定，ESO 中的 β_{01}、β_{02}、β_{03} 和 NLSEF 中的 β_1、β_2 这 5 个参数采用改进的遗传算法整定。

1. 遗传算法简介

遗传算法（Genetic Algorithms，GA）是一种模拟自然界遗传机制和生物进化论而成的一种并行随机搜索最优化方法，是一类可用于复杂系统优化计算的鲁棒搜索算法。它模拟自然选择和遗传中发生的选择、交叉和变异等现象，从一个初始种群出发，通过随机选择、交叉和变异操作，产生一群更适应环境的个体，使群体进化到搜索空间中越来越好的区域，经过这样一代又一代地不断繁衍进化，最后收敛到一群最适合环境的个体，求得问题的最优解。

2. 参数的确定及表示[111,137-138]

首先根据经验设定这 5 个参数的大致范围，然后根据精度要求对其进行编码。常用的编码方法有二进制编码和实数编码两种方式。用实数编码方法无需解码，但搜索效率低于二进制编码；用二进制编码方法，遗传操作方便，解码处理后即可得到二进制码与实际参数之间的关系，所以采用二进制编码方法。以 β_{01} 为例，具体编码过程如下。

首先设定 β_{01} 的取值范围，假设为 $[\min(\beta_{01})$，$\max(\beta_{01})]$，然后用长度为 10 位的二进制数 x 来表示 β_{01}。10 位的二级制编码串可以表示从 $0 \sim 1023$ 的 1024 个不同的数，所以将 β_{01} 的定义域，即 $[\min(\beta_{01})$，$\max(\beta_{01})]$ 离散化为

1024 个不同的离散点。从离散点 $\min(\beta_{01})$ 到 $\max(\beta_{01})$，依次让它们分别对应于从 0000000000（0）~1111111111（1023）之间的二级制编码，二级制编码中的每一位称为一个基因。

把 5 个欲整定的参数——编码，然后把这 5 个编码串连接在一起，组成一个 50 位长的二级制编码串，此编码串即表示一个个体。

3. 确定初始种群[111,137-138]

由于需要编程实现各过程，所以通过计算机随机产生初始种群。针对二进制编码而言，先产生 0~1 均匀分布的随机数，然后规定产生的随机数 0~0.5 代表 0，0.5 ~ 1 随机数代表 1。种群数量越大，系统越具有多样性，越不容易出现局部最优，但是种群越大，对计算机的计算能力要求越高。

本书取种群数量为 50。

4. 适配值函数的确定[111,137-138]

在评价控制系统性能时，常用一个以控制系统瞬时误差 $e(t)$ 为泛函的积分作为目标函数，主要有平方误差积分准则（ISE）、时间乘平方误差积分准则（ISTE）、绝对误差积分准则（ISE）、时间乘绝对误差积分准则（ITAE）等等，其中应用较广泛的是 ITAE。这里选用 ITAE 作为一个子项来评价系统的动态性能，以时间乘误差绝对值的积分作为性能指标，即

$$J_{ITAE} = \int_0^\infty t|e(t)|\mathrm{d}t \tag{4.9}$$

若单纯追求系统的动态特性，整定的参数往往会导致控制信号过大。由于船舶舵机具有饱和特性，单纯考虑动态性能得到的参数很可能导致控制能量过大而导致系统不稳定。考虑控制能量的受限问题，同时限制控制过程中控制器输出的最大量 u_{max} 和最小量 u_{min}，把 u_{max} 和 u_{min} 作为一项重要的指标进行加权，取

$$J_u = |u_{max} - u_{min}| \times \int_0^\infty |u(t)|\mathrm{d}t \tag{4.10}$$

综合控制能量受限和误差泛函评价指标，采用权重系数法

得到一个考虑船舶航向控制输入受限的性能评价指标：

$$J = J_{\text{ITAE}} + J_u = \int_0^\infty t \mid e(t) \mid \mathrm{d}t + w_k \mid u_{\max} - u_{\min} \mid \times \int_0^\infty \mid u(t) \mid \mathrm{d}t$$

$$(4.11)$$

式中 w_k 为权重系数，$w_k > 0$。

遗传算法是一种随机搜索方法，迭代过程中势必会产生大量的不可行染色体，为了使算法迅速自动识别并跨越不可行染色体，系统的输出要使输出误差落在一定的范围内。对不可行染色体引入惩罚策略，直接赋以一个较小的惩罚值，同时为了限制控制器控制量的输出，对于控制量特别大的参数组，也视为不可行解，直接赋以一个较小的惩罚值。加入惩罚策略的遗传算法适应度函数可以写为

$$f = \begin{cases} 1/J, & u < U_{\max}, \ u > U_{\min} \ \text{且} \mid e \mid < E \\ P, & u \geqslant U_{\max}, \ u \leqslant U_{\min} \ \text{且} \mid e \mid \geqslant E \end{cases} \quad (4.12)$$

式中，$U_{\max}$ 和 $U_{\min}$ 为控制量的惩罚上限和下限，满足 $U_{\max} \geqslant U_{\text{satmax}}$ 和 $U_{\min} \leqslant U_{\text{satmin}}$，$U_{\text{satmax}}$ 和 U_{satmin} 为船舶舵机的饱和输入的上下限。这里 $U_{\text{satmax}} = \dfrac{35°}{180°}\pi = 0.61 \text{ rad}$，$U_{\text{satmin}} = -\dfrac{35°}{180°}\pi = -0.61 \text{ rad}$。$E$ 为误差允许的范围，P 为一个较小的惩罚值。

优化的目标求得满足约束条件的 β_{01}、β_{02}、β_{03} 和 β_1、β_2 这 5 个参数，使得 J 最小。

5. 遗传算法的操作[111,137-138]

基于遗传算法的自抗扰控制器参数优化的过程如图 4.3 所示。

假设初始种群有 N 个染色体，初始种群的 N 个染色体通过复制、交叉、变异得到第 1 代种群，该代种群中第 i 个染色体通过解码后得到 ESO 中的 β_{01}、β_{02}、β_{03} 和 NLSEF 中的 β_1、β_2 这 5 个参数，然后计算这 N 个染色体的适应度 J_i（$i = 1, 2, \cdots, N$），判断是否满足性能指标或者达到设定的进化代数，如果达到，则解码输出，否则继续进行复制、交

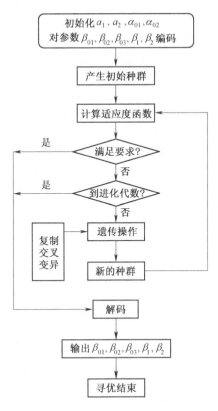

图 4.3　基于遗传算法的自抗扰控制器参数优化流程图

叉、变异的进化过程。代价函数 J 的优化过程如图 4.4 所示。

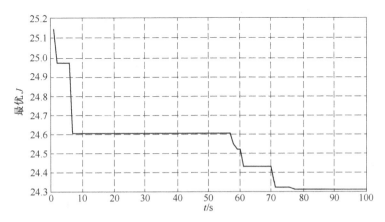

图 4.4　代价函数 J 的优化过程

遗传算法中使用的种群大小 Size = 30，最大遗传代数 G = 100，交叉概率 P_c = 0.95，变异概率 P_m = $[0.01，0.2]$，即对于较好的个体采用小的变异概率，以继承父系的优越性；较差的个体采用大变异概率，以保持种群的多样性。根据实际情况选择参数 β_{01}、β_{02}、β_{03} 的取值范围为 $[0，80]$，$[0，100]$，$[0，80]$；β_1、β_2 的取值范围为 $[0，80]$；w_k 取值为 2。这样可以减小初始寻优的盲目性，节约计算量。

在式（4.1）的仿真对象下，得到自抗扰控制器参数如下：β_{01} = 22，β_{02} = 30，β_{03} = 22，β_1 = 2.5，β_2 = 32。仿真实验说明，这组参数对于模型不确定性和参数不确定性具有良好的鲁棒性。

■ 4.2.4　仿真结果

本书采用的仿真对象是一艘 1.5 万 t 油轮，当航速为 15 km/h 时，其二阶 Nomoto 非线性响应模型标称参数为增益 K = 0.16 s^{-1}，时间常数 T = 104.55 s，α = 14.22 s^2/rad^2，β = 22 444.52 s^2/rad^2，舵机特性参数为 K_E = 1 s^{-1}，T_E = 3 s。

1. 标称模型的控制仿真

图 4.5（a）、（b）和图 4.6（a）、（b）分别为标称模型下，设定航向为 20° 和 150° 时 ADRC 控制的航向角与控制舵角的仿真结果。

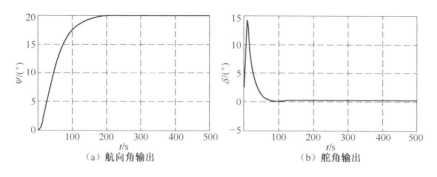

（a）航向角输出　　　　　　　（b）舵角输出

图 4.5　设定航向为 20° 时的航向角输出和舵角输出

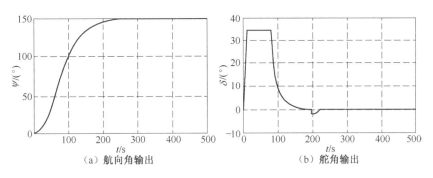

（a）航向角输出　　　（b）舵角输出

图 4.6　设定航向为 150°时的航向角输出和舵角输出

由图 4.5 和图 4.6 可以看出，在设定航向为小角度时，ADRC 控制的航向响应完全无超调，控制舵角幅度小，基本可实现平滑操舵；在设定航向较大时，ADRC 仍能实现航向的快速无超调跟踪，操舵响应平滑，操舵次数少。

2. 不确定性条件下的系统仿真

假设此时船舶参数变为 $K = 0.48 \text{ s}^{-1}$，$T = 216.58 \text{ s}$，$\alpha = 9.16 \text{ s}^2/\text{rad}^2$，$\beta = 10\,814.30 \text{ s}^2/\text{rad}^2$，同时存在风、浪、流等干扰，仿真结果如图 4.7 和图 4.8 所示。

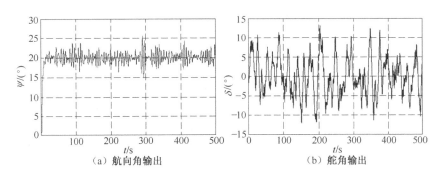

（a）航向角输出　　　（b）舵角输出

图 4.7　设定航向为 20°时的航向角输出和舵角输出

从图中可见，存在参数摄动和外界干扰的情况下，航向输出稍有振荡，但自抗扰控制器能够克服这些干扰，将航向保持在期望航向上。这说明自抗扰控制器抗干扰能力较强，具有很强的鲁棒性。

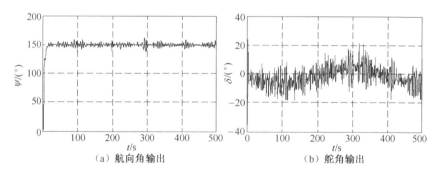

（a）航向角输出　　　　　　（b）舵角输出

图 4.8　设定航向为 150°时的航向角输出和舵角输出

4.3　基于自适应模糊滑模控制的船舶航向控制器设计

▇ 4.3.1　自适应模糊滑模控制

1. 滑模变结构控制

考虑如下 n 阶 SISO 非线性对象：

$$\begin{cases} x^{(n)} = f(\boldsymbol{x},\ t) + g(\boldsymbol{x},\ t) u(t) + d(t) \\ y = x \end{cases} \tag{4.13}$$

式中，$f(\boldsymbol{x},\ t)$，$g(\boldsymbol{x},\ t)$ 均为未知非线性函数，$\boldsymbol{x}$ 是状态矢量且假定是可测的，$\boldsymbol{x} = [x,\ \dot{x},\ \cdots,\ x^{(n-1)}]^{\mathrm{T}} = [x_1,\ x_2,\ \cdots,\ x_n]^{\mathrm{T}} \in R^n$；$u \in R$，$y \in R$ 分别是控制输入和系统输出；$d(t)$ 为未知外界干扰，假设干扰 $d(t)$ 的上界为 D，则 $|d(t)| \leqslant D$。非线性系统式（4.13）假设是可控的且控制增益 $g(x,\ t) \neq 0$ 不是一般性，假定 $g(x,\ t) > 0$。控制的目的是，综合控制输入 $u(t)$ 使得系统式（4.13）存在外部干扰和模型不确定性时，状态 x 能够跟踪期望状态 $\boldsymbol{x}_d$。

定义跟踪误差：

$$\boldsymbol{e} = \boldsymbol{x} - \boldsymbol{x}_{\mathrm{d}} = [e,\ \dot{e},\ \cdots,\ e^{(n-1)}]^{\mathrm{T}} \in R^n \tag{4.14}$$

则在误差状态空间，滑模面定义为

$$s(e) = c_1 e + c_2 \dot{e} + \cdots + c_{n-1} e^{(n-2)} + e^{(n-1)} = c^{\mathrm{T}} e$$

(4.15)

式中，$c = [c_1, \; c_2, \; \cdots, \; c_{n-1}, \; 1]^{\mathrm{T}}$ 满足 Hurwitz 多项式 $h(\lambda) = \lambda^{n-1} + c_{n-1} \lambda^{n-2} + \cdots + c_1$ 稳定条件，λ 为 Laplace 算子。在零初始条件下，即 $e(0) = 0$，状态 x 跟踪期望状态 x_d 的问题就等价于当 $t \geq 0$ 时误差状态向量保持在滑模面 $s(e) = 0$ 上的问题。实现该问题的一个充分条件是选择控制律 u，使得在滑模面 $s(e)$ 之外满足

$$\frac{1}{2} \times \frac{\mathrm{d}}{\mathrm{d}t}[s^2(e)] \leq -\eta|s|, \quad \eta \geq 0 \qquad (4.16)$$

式（4.16）称为滑动条件。本质上，式（4.16）表达的是以 s^2 为度量到滑模面的平方"距离"，该距离沿所有系统轨线是最小的。因此，这就使系统轨线趋于滑模面，并一旦进入滑模面就一直停留在该滑模面上。

在 $f(x, t)$，$g(x, t)$ 已知情况下，系统式（4.13）的滑模控制律设计为[139]

$$u^* = \frac{1}{g(x, t)} \left[-\sum_{i=1}^{n-1} c_i e^{(i)} - f(x, t) + x_d^{(n)} - \eta \mathrm{sgn}(s) \right]$$

(4.17)

式中，$\mathrm{sgn}(s) = \begin{cases} 1, & s > 0, \\ 0, & s = 0, \\ -1, & s < 0。 \end{cases}$

该控制律能够保证滑动条件式（4.16）。

证明：选择 Lyapunov 函数

$$V_1 = \frac{1}{2} s^2(e) \qquad (4.18)$$

则

$$\dot{V}_1 = s \cdot \dot{s} = s \cdot [\, c_1 \dot{e} + c_2 \ddot{e} \cdots + c_{n-1} e^{(n-1)} + x^{(n)} - x_d^{(n)} \,]$$

$$= s \cdot \left[\, \sum_{i=1}^{n-1} c_i e^{(i)} + f(\boldsymbol{x},\ t) + g(\boldsymbol{x},\ t) u + d(t) - x_d^{(n)} \,\right]$$

$$\leqslant -\eta |s|$$

$$(4.19)$$

证毕。

控制律一般写为等效控制加切换控制的形式，即

$$u^* = u_{\mathrm{eq}} + u_{\mathrm{sw}}$$

式中

$$u_{\mathrm{eq}} = \frac{1}{g(\boldsymbol{x},\ t)} \left[\, -\sum_{i=1}^{n-1} c_i e^{(i)} - f(\boldsymbol{x},\ t) + x_d^{(n)} \,\right] \quad (4.20)$$

$$u_{\mathrm{sw}} = \frac{1}{g(\boldsymbol{x},\ t)} \cdot \eta \mathrm{sgn}(s)$$

当 $f(\boldsymbol{x},\ t)$, $g(\boldsymbol{x},\ t)$ 和干扰 $d(t)$ 均未知时，控制律式 (4.17) 不适用。此外，切换控制 u_{sw} 容易引起抖振现象。抖振不仅影响控制的精确性，增加能量消耗，而且系统中的高频未建模动态很容易被激发出来，破坏系统的性能，甚至使系统产生振荡或失稳，损坏控制器部件。因此，关于变结构控制信号抖振消除的研究成为变结构控制研究的首要问题[109]。国内外针对滑模变结构控制抗抖振问题的研究很多，有代表性的研究工作主要有准滑动模态方法、趋近律方法、滤波方法、观测器方法、模糊控制方法等[109-111]。

为了解决 $f(\boldsymbol{x},\ t)$, $g(\boldsymbol{x},\ t)$ 的未知问题和切换控制带来的抖振现象，本书采用模糊逻辑系统 $\hat{f}$, $\hat{g}$ 逼近 f, g，并提出了一种自适应 PI 控制律用来解决抖振问题。

2. 模糊逻辑系统

模糊逻辑系统的基本结构由模糊 IF-THEN 规则集组成，即

$$R^{(l)}:\ \mathrm{IF}\ x_1\ \mathrm{is}\ F_1^l\ \mathrm{and}\ \cdots\ \mathrm{and}\ x_n\ \mathrm{is}\ F_n^l\ \mathrm{Then}\ y\ \mathrm{is}\ B^l$$

$$(4.21)$$

式中，F_i^l 和 B^l 分别为 $U_i \subset R$ 和 $V \subset R$ 上的模糊集合，且 $\underline{x} = [x_1, x_2, \cdots, x_n]^T \in U_1 \times \cdots \times U_n$ 和模糊集合 $y \in V$ 均为语言变量。设 M 为模糊规则库中所包含的模糊"如果—则"规则的总数，即在式（4.21）中，$l = 1, 2, \cdots, M$。x_i 和 y 分别是模糊规则的输入变量和输出变量。模糊逻辑系统的功能在于根据模糊逻辑规则把模糊规则库中的模糊 IF-THEN 规则转换成某种映射，即将 $U = U_1 \times \cdots \times U_n \subseteq R^n$ 上的模糊集合映射成 V 上的模糊集合。

采用乘积推理机、单值模糊器和中心平均解模糊器，模糊系统的输出为[140-141]

$$y(\boldsymbol{x}) = \frac{\sum_{l=1}^{m} y^l \left(\prod_{i=1}^{n} \mu_{F_i^l}(x_i) \right)}{\sum_{l=1}^{m} \prod_{i=1}^{n} \mu_{F_i^l}(x_i)} \tag{4.22}$$

式中，$\mu_{F_i^l}(x_i)$ 是语言变量 x_i 的隶属函数；y^l 为第 l 个模糊集的中心。

引入向量 $\xi(x)$，式（4.22）变为

$$y(\boldsymbol{x}) = \theta^T \xi(\boldsymbol{x}) = \xi(\boldsymbol{x})^T \theta \tag{4.23}$$

式中，$\theta = [y^l, \cdots, y^m]^T$ 为参数向量；$\xi(\boldsymbol{x}) = [\xi^1(\boldsymbol{x}), \cdots, \xi^m(\boldsymbol{x})]^T$ 是模糊基函数，且

$$\xi^l(\boldsymbol{x}) = \frac{\prod_{i=1}^{n} \mu_{F_i^l}(x_i)}{\sum_{l=1}^{m} \prod_{i=1}^{n} \mu_{F_i^l}(x_i)} \tag{4.24}$$

定理 4.1（万能逼近定理）[141]：对于任何定义在致密集 $U \in R^n$ 上的连续函数 g 及任意的 $\varepsilon > 0$，存在一个具有式（4.22）形式的模糊逻辑系统 $f = \theta^T \xi(x)$，使得 $\sup_{x \in U} | f(x) - g(x) | < \varepsilon$ 成立。

3. 模糊滑模控制设计

当 $f(x, t)$，$g(x, t)$ 和干扰 $d(t)$ 未知时，为了得到式 (4.17) 控制律，应用模糊逻辑系统 $\hat{f}$、$\hat{g}$ 逼近 f、g。同时，为了降低抖振并提高稳态性能，采用 PI 控制律代替 $\eta \operatorname{sgn}(s)$。连续的 PI 控制律输入输出形式为

$$u_p = \theta_{p_1} z_1 + \theta_{p_2} z_2 \qquad (4.25)$$

式中，$z_1 = s$，$\dot{z}_2 = s$；θ_{p_1}、θ_{p_2} 为设计控制增益。式 (4.25) 可改写为如下形式：

$$\hat{p}(z \mid \theta_p) = \theta_p^{\mathrm{T}} \Psi(z) \qquad (4.26)$$

式中，$\theta_p = [\theta_{p1}, \theta_{p2}]^{\mathrm{T}} \in R^2$ 为参数可调向量；$\Psi(z) = [z_1, z_2] \in R^2$。

则控制律变为

$$u = \frac{1}{\hat{g}(\boldsymbol{x} \mid \theta_g)} \Big[-\hat{f}(\boldsymbol{x} \mid \theta_f) - \sum_{i=1}^{n-1} c^i e^i + x_d^{(n)} - \hat{p}(z \mid \theta_p) \Big]$$

$$(4.27)$$

式中，
$$\left. \begin{aligned} \hat{f}(\boldsymbol{x} \mid \theta_f) &= \theta_f^{\mathrm{T}} \boldsymbol{\xi}(x) \\ \hat{p}(z \mid \theta_p) &= \theta_p^{\mathrm{T}} \boldsymbol{\Psi}(z) \\ \hat{g}(\boldsymbol{x} \mid \theta_g) &= \theta_g^{\mathrm{T}} \boldsymbol{\xi}(x) \end{aligned} \right\}$$

为式 (4.22) 形式的模糊系统输出。

在 (4.27) 中，当状态在边界层之内时，即：$|s| < \phi$（ϕ 为边界层厚度），采用 PI 控制律代替切换控制 u_{sw}，用以消除抖振现象。当状态在边界层之外时，即 $|s| \geq \phi$ 时，令其取饱和值 $D+\eta$。

4. 自适应律的设计

定理 4.2： 对于非线性系统式 (4.13) 和控制律式 (4.27)，当参数向量 θ_f^{T}，θ_g^{T} 和 θ_p^{T} 根据自适应律

$$\left. \begin{aligned} \dot{\theta}_f &= \gamma_1 s \xi(\boldsymbol{x}) \\ \dot{\theta}_g &= \gamma_2 s \xi(\boldsymbol{x}) u \\ \dot{\theta}_p &= \gamma_3 s \psi(z) \end{aligned} \right\} \qquad (4.28)$$

变化时，闭环系统是有界的且跟踪误差渐近趋于零。

证明：定义最优参数

$$\theta_f^* = \arg\min_{\theta_f \in \Omega_f} \left[\sup_{x \in R^n} | \hat{f}(\boldsymbol{x} \mid \theta_f) - f(\boldsymbol{x} \mid t) | \right]$$

$$\theta_g^* = \arg\min_{\theta_g \in \Omega_g} \left[\sup_{x \in R^n} | \hat{g}(\boldsymbol{x} \mid \theta_g) - g(\boldsymbol{x} \mid t) | \right]$$

$$\theta_p^* = \arg\min_{\theta_p \in \Omega_p} \left[\sup_{z \in R^2} | \hat{p}(\boldsymbol{z} \mid \theta_p) - u_{\mathrm{sw}} | \right]$$

式中，Ω_f，Ω_g 和 Ω_p 分别为 θ_f，θ_g 和 θ_p 的集合。定义最小逼近误差

$$\omega = f(\boldsymbol{x},\ t) - \hat{f}(\boldsymbol{x} \mid \theta_f^*) + [g(\boldsymbol{x},\ t) - \hat{g}(\boldsymbol{x} \mid \theta_g^*)]u$$

假设

$$\left. \begin{aligned} \Omega_f &= \{ \theta_f \in R^n \mid |\theta_f| \leqslant M_f \} \\ \Omega_g &= \{ \theta_g \in R^n \mid 0 < \varepsilon \leqslant |\theta_g| \leqslant M_g \} \\ \Omega_p &= \{ \theta_p \in R^n \mid |\theta_p| \leqslant M_p \} \end{aligned} \right\} \tag{4.29}$$

式中，M_f、ε、M_g 和 M_p 为预先指定的参数的界。假定模糊参数 θ_f、θ_g 以及 PI 参数 θ_p 均保证满足式（4.29）的情况下，有

$$\dot{s} = \sum_{i=1}^{n-1} c_i e^{(i)} + x^{(n)} - x_d^{(n)} = \sum_{i=1}^{n-1} c_i e^{(i)} + f(\boldsymbol{x},\ t) + g(\boldsymbol{x},\ t)u +$$

$$d(t) - x_d^{(n)}$$

$$= \sum_{i=1}^{n-1} c_i e^{(i)} + f(\boldsymbol{x},\ t) - f(\boldsymbol{x} \mid \theta_f) + (g(\boldsymbol{x},\ t) - \hat{g}(\boldsymbol{x} \mid \theta_g))u -$$

$$\sum_{i=1}^{n-1} c_i e^{(i)} - \hat{p}(\boldsymbol{z} \mid \theta_p) + d(t)$$

$$= f(\boldsymbol{x},\ t) - \hat{f}(\boldsymbol{x} \mid \theta_f) + (g(\boldsymbol{x},\ t) - \hat{g}(\boldsymbol{x} \mid \theta_g))u - \hat{p}(\boldsymbol{z} \mid \theta_p) +$$

$$d(t) + w$$

$$= \hat{f}(\boldsymbol{x} \mid \theta_f^*) - \hat{f}(\boldsymbol{x} \mid \theta_f) + ((\hat{g}(\boldsymbol{x} \mid \theta_g^*) - \hat{g}(\boldsymbol{x} \mid \theta_g))u - \hat{p}(\boldsymbol{z} \mid$$

$$\theta_p^*) + \hat{p}(\boldsymbol{z} \mid \theta_p^*) + \hat{p}(\boldsymbol{z} \mid \theta_p^*) + d(t) + w$$

$$= \boldsymbol{\phi}_f^{\mathrm{T}} \xi(\boldsymbol{x}) + \boldsymbol{\phi}_g^{\mathrm{T}} \xi(\boldsymbol{x}) \cdot u + \boldsymbol{\phi}_p^{\mathrm{T}} \boldsymbol{\Psi}(\boldsymbol{z}) - \hat{p}(\boldsymbol{z} \mid \theta_p^*) + d(t) + w$$

式中，$\boldsymbol{\phi}_f = \theta_f^* - \theta_f$，$\boldsymbol{\phi}_g = \theta_g^* - \theta_g$，$\boldsymbol{\phi}_p = \theta_p^* - \theta_p$，定义 Lyapunov 函数

$$V = \frac{1}{2}\left(s^2 + \frac{1}{\gamma_1}\boldsymbol{\phi}_f^{\mathrm{T}}\boldsymbol{\phi}_f + \frac{1}{\gamma_2}\boldsymbol{\phi}_g^{\mathrm{T}}\boldsymbol{\phi}_g + \frac{1}{\gamma_3}\boldsymbol{\phi}_p^{\mathrm{T}}\boldsymbol{\phi}_p\right) \quad (4.30)$$

式中，γ_1，γ_2，γ_3 为正常数。则

$$\dot{V} = s\dot{s} + \frac{1}{\gamma_1}\boldsymbol{\phi}_f^{\mathrm{T}}\dot{\boldsymbol{\phi}}_f + \frac{1}{\gamma_2}\boldsymbol{\phi}_g^{\mathrm{T}}\dot{\boldsymbol{\phi}}_g + \frac{1}{\gamma_3}\boldsymbol{\phi}_p^{\mathrm{T}}\dot{\boldsymbol{\phi}}_p$$

$$= s\left[\boldsymbol{\phi}_f^{\mathrm{T}}\xi(\boldsymbol{x}) + \boldsymbol{\phi}_g^{\mathrm{T}}\xi(\boldsymbol{x})\cdot u + \boldsymbol{\phi}_p^{\mathrm{T}}\Psi(\boldsymbol{z}) - \hat{p}(\boldsymbol{z}\mid\theta_p^*) + d(t) + w\right]$$

$$\quad + \frac{1}{\gamma_1}\boldsymbol{\phi}_f^{\mathrm{T}}\dot{\boldsymbol{\phi}}_f + \frac{1}{\gamma_2}\boldsymbol{\phi}_g^{\mathrm{T}}\dot{\boldsymbol{\phi}}_g + \frac{1}{\gamma_3}\boldsymbol{\phi}_p^{\mathrm{T}}\dot{\boldsymbol{\phi}}_p$$

$$= s\boldsymbol{\phi}_f^{\mathrm{T}}\xi(x) + \frac{1}{\gamma_1}\boldsymbol{\phi}_f^{\mathrm{T}}\dot{\boldsymbol{\phi}}_f + s\boldsymbol{\phi}_g^{\mathrm{T}}\xi(x)\cdot u + \frac{1}{\gamma_2}\boldsymbol{\phi}_g^{\mathrm{T}}\dot{\boldsymbol{\phi}}_g + s\boldsymbol{\phi}_p^{\mathrm{T}}\Psi(z) +$$

$$\quad \frac{1}{\gamma_3}\boldsymbol{\phi}_p^{\mathrm{T}}\dot{\boldsymbol{\phi}}_p - s\hat{p}(z\mid\theta_p^*) + sw + sd(t)$$

$$= \frac{1}{\gamma_1}\boldsymbol{\phi}_f^{\mathrm{T}}(\gamma_1 s\xi(x) + \dot{\boldsymbol{\phi}}_f) + \frac{1}{\gamma_2}\boldsymbol{\phi}_g^{\mathrm{T}}(\gamma_2 s\xi(x)\cdot u + \dot{\boldsymbol{\phi}}_g) +$$

$$\quad \frac{1}{\gamma_3}\boldsymbol{\phi}_p^{\mathrm{T}}[s\Psi(z) + \dot{\boldsymbol{\phi}}_p] - s\hat{p}(z\mid\theta_p^*) + sw + sd(t)$$

$$\leqslant \frac{1}{\gamma_1}\boldsymbol{\phi}_f^{\mathrm{T}}[\gamma_1 s\xi(x) + \dot{\boldsymbol{\phi}}_f] + \frac{1}{\gamma_2}\boldsymbol{\phi}_g^{\mathrm{T}}(\gamma_2 s\xi(x)\cdot u + \dot{\boldsymbol{\phi}}_g) +$$

$$\quad \frac{1}{\gamma_3}\boldsymbol{\phi}_p^{\mathrm{T}}(s\psi(z) + \dot{\boldsymbol{\phi}}_p) - s(D + \eta)\mathrm{sgn}(s) + sd(t) + sw$$

$$< \frac{1}{\gamma_1}\boldsymbol{\phi}_f^{\mathrm{T}}[g_1 s\xi(x) + \dot{\boldsymbol{\phi}}_f] + \frac{1}{\gamma_2}\boldsymbol{\phi}_g^{\mathrm{T}}[\gamma_2 s\xi(x)\cdot u + \dot{\boldsymbol{\phi}}_g] +$$

$$\quad \frac{1}{\gamma_3}\boldsymbol{\phi}_p^{\mathrm{T}}[s\Psi(z) + \dot{\boldsymbol{\phi}}_p] - \eta\mid s\mid + sw \quad (4.31)$$

式中，$\dot{\boldsymbol{\phi}}_f = -\dot{\theta}_f$，$\dot{\boldsymbol{\phi}}_g = -\dot{\theta}_g$，$\dot{\boldsymbol{\phi}}_p = -\dot{\theta}_p$。将式（4.28）代入式（4.31）得 $\dot{V}\leqslant sw - \eta\mid s\mid$。

根据模糊逼近理论，自适应模糊控制系统可实现逼近误差 ω 非常小，故

$$\dot{V} \leqslant s\omega - \eta \mid s \mid \leqslant 0 \qquad (4.32)$$

这表明 $e(t)$ 和 s 是有界的，由于期望信号 x_d 是有界的，所以系统状态 x 也是有界的。

假定 $\mid s \mid \leqslant \eta_s$，则式（4.32）改写为 $\dot{V} \leqslant s\omega - \eta \mid s \mid \leqslant \eta_s \mid \omega \mid - \eta \mid s \mid$，对上式两边积分，得

$$\int_0^t \mid s \mid \mathrm{d}\tau \leqslant \frac{1}{\eta} \mid V(0) \mid + \mid V(t) \mid + \frac{\eta_s}{\eta} \int_0^\tau \mid \omega \mid \mathrm{d}t$$

由 Barbalat's 引理知，当 $t \to \infty$ 时，$s(t) \to 0$，证明系统稳定并且跟踪误差渐进趋于 0。

整个自适应模糊变结构控制系统框图如图 4.9 所示。

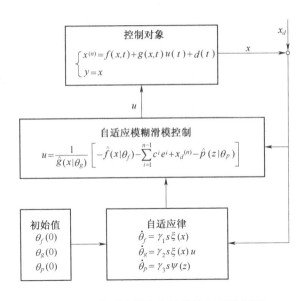

图 4.9　自适应模糊变结构控制系统框图

5. 自适应律的改进

上述稳定性的结果是在假设式（4.29）保证能满足的情况下取得的。基本的自适应律式（4.28）不能保证参数 θ_f、θ_g 和 θ_p 有界。如果 θ_f 发散到无穷大，模糊逻辑系统 $\hat{f}(x \mid \theta_f)$ 将稳步增大，最终导致 u 无界。因此，要想设计一个稳定系统（即所有变量有界），就必须依据投影算法[141-142]修改自适应

律，以确保参数有界。

修改的自适应律如下：

1）对 θ_f，使用

$$\dot{\theta}_f = \begin{cases} \gamma_1 s\xi(x), & \text{if } (\mid \theta_f \mid < M_f) \text{ or } (\mid \theta_f \mid = M_f \\ & \text{and } s\theta_f^{\mathrm{T}}\xi(x) \leqslant 0) \\ p_f[\gamma_1 s\xi(x)], & \text{if } (\mid \theta_f \mid = M_f) \text{ and} \\ & (s\theta_f^{\mathrm{T}}\xi(x) > 0) \end{cases}$$

(4.33)

2）对 θ_g，只要 θ_g 中的某一元素 $\theta_{gi} = \varepsilon$，就使用

$$\dot{\theta}_g = \begin{cases} \gamma_2 s\xi_i(x)u, & \text{if } s\xi_i(x)u < 0 \\ 0, & \text{if } s\xi_i(x)u \geqslant 0 \end{cases}$$

(4.34)

式中，$\xi_i(x)$ 是 $\xi(x)$ 的第 i 个分量，否则，使用

$$\dot{\theta}_g = \begin{cases} \gamma_2 s\xi(x), & \text{if } (\mid \theta_g \mid < M_g) \text{ or } (\mid \theta_g \mid = M_g \\ & \text{and } s\theta_g^{\mathrm{T}}\xi(x)u \leqslant 0) \\ p_g[\gamma_2 s\xi(x)u], & \text{if } (\mid \theta_g \mid = M_g) \text{ and } s\theta_g^{\mathrm{T}}\xi(x)u > 0) \end{cases}$$

(4.35)

3）对 θ_p，使用

$$\dot{\theta}_p = \begin{cases} \gamma_3 s\psi(z), & \text{if } (\mid \theta_p \mid < M_p) \text{ or} \\ & (\mid \theta_p \mid = M_p \text{ and } s\theta_p^{\mathrm{T}}\psi(z) \geqslant 0) \\ p_p[\gamma_3 s\psi(z)], & \text{if } (\mid \theta_p \mid = M_p) \text{ and} \\ & s\theta_p^{\mathrm{T}}\psi(z) < 0 \end{cases}$$

(4.36)

式中，投影算子 $p_f[*]$、$p_g[*]$ 和 $p_p[*]$ 的定义如下：

$$p_f[\gamma_1 s\xi(x)] = \gamma_1 s\xi(x) - \gamma_1 s \frac{\theta_f \theta_f^{\mathrm{T}}\xi(x)}{\mid \theta_f \mid^2}$$

(4.37)

$$p_g[\gamma_2 s\xi(x)u] = \gamma_2 s\xi(x)u - \gamma_2 s \frac{\theta_g \theta_g^{\mathrm{T}}\xi(x)u}{\mid \theta_g \mid^2}$$

(4.38)

$$p_p\left[\gamma_3 s\psi(z)\right] = \gamma_3 s\psi(z) - \gamma_3 s\frac{\theta_p\theta_p^{\mathrm{T}}\psi(z)}{|\theta_p|^2} \tag{4.39}$$

4.3.2　船舶航向自适应模糊滑模控制器设计

1. 船舶航向控制系统动态方程

船舶运动模型采用野本（Nomoto）方程（见式 3.23）加非线性项的形式，重写如下：

$$T\ddot{\psi} + \dot{\psi} + \alpha\dot{\psi}^3 = k\delta + d \tag{4.40}$$

式中，ψ 为航向角；δ 为舵角；T、k、α 为船舶模型参数；d 为外界干扰。

选取状态变量 $x_1 = \psi$，$x_2 = \dot{\psi}$，$u = \delta$，则由式（4.40）得船舶运动的状态方程为

$$\left.\begin{array}{l} \dot{x}_1 = x_2 \\[2mm] \dot{x}_2 = f(x) + g(x)u + d(t) \\[2mm] y = x_1 \end{array}\right\} \tag{4.41}$$

式中，$f(x) = -\dfrac{1}{T}x_2 - \dfrac{\alpha}{T}x_2^3$；$g(x) = \dfrac{k}{T}$。

由于装载及航速变化等会造成船舶运动模型参数的变化，船舶在大洋航行过程中不可避免地受到风、流、浪等外界干扰以及未建模动态等不确定性的影响，所以船舶动态方程中的非线性函数 $f(x)$ 和 $g(x)$ 是未知的。

2. 船舶航向 AFSMC 控制器设计步骤

1）定义误差 $e = \psi_d - \psi$，则切换函数为 $s = c_1 e + \dot{e}$。

2）选取适当的 PI 控制初始值 $\theta_p(0)$。

3）选取学习参数 γ_1，γ_2，γ_3。

4）取 5 种隶属函数进行模糊化：

$$\mu_{\mathrm{NM}}(x_i) = \exp\left\{-\left[(x_i + \pi/6)/(\pi/24)\right]^2\right\}$$

$$\mu_{NS}(x_i) = \exp\{-[(x_i + \pi/12)/(\pi/24)]^2\}$$

$$\mu_{ZO}(x_i) = \exp\{-[x_i/(\pi/24)]^2\}$$

$$\mu_{PS}(x_i) = \exp\{-[(x_i - \pi/12)/(\pi/24)]^2\}$$

$$\mu_{PM}(x_i) = \exp\{-[(x_i - \pi/6)/(\pi/24)]^2\}$$

则用于逼近 $f(x)$、$g(x)$ 的模糊规则分别有 25 条。隶属函数如图 4.10 所示。

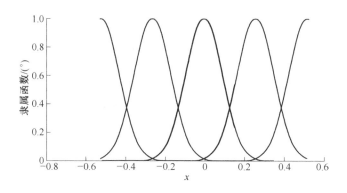

图 4.10　x_i 的隶属函数

5）采用乘积推理机，单值模糊器和中心平均解模糊器，得到式（4.21）形式的模糊系统输出 $\hat{f}(\boldsymbol{x} \mid \boldsymbol{\theta}_f)$ 和 $\hat{g}(\boldsymbol{x} \mid \boldsymbol{\theta}_g)$。$\boldsymbol{\theta}_f$ 和 $\boldsymbol{\theta}_g$ 为 25×1 的向量。

6）构建式（4.12）形式的根据自适应规律变化的控制律控制船舶运动。

整个的船舶 AFSMC 控制框图如图 4.11 所示。

■4.3.3　仿真结果

为验证本书所设计的船舶航向 AFSMC 控制器的性能，对一艘长 45m 的船舶进行航向保持和跟踪控制的仿真研究。当该船以 5m/s 的速度航行时，系统式（4.40）中的船舶运动模型动态参数为：$T = 31s$，$K = 0.5$，$\alpha = 0.4s^2$。选取仿真参数：θ_f^{T}，θ_g^{T}，θ_{p1}，θ_{p2} 的初始值分别为 0.10，0.10，10，5，取 $c_1 =$

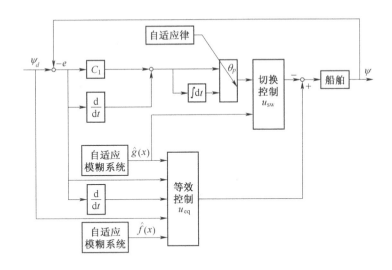

图 4.11　船舶航向自适应模糊滑模控制系统框图

5，$\gamma_1 = 5$，$\gamma_2 = 1$，$\gamma_3 = 10$，取滑模边界层厚度 $\phi = 0.3$，船舶航向初始状态为 $x = [0, 0]$。仿真分航向保持和航向改变两种情况，在同一组参数下进行。

考虑到船舶模型参数随航速、装载情况和环境扰动而变化，为了验证鲁棒性，将上述船舶运动模型参数摄动为前述参数值的 2 倍，用相同的设计参数也进行了仿真。具体仿真情况如下。

1. 航向保持仿真实验

为了对照比较，和 PID 控制在同一个环境里同时进行了仿真，如图 4.12 和图 4.13 所示。图中，AFSMC 表示在 AFSMC 控制下的输出，PID 表示在 PID 控制下的输出。

从图 4.12 和图 4.13 可以看出，无论有无干扰和参数摄动，AFSMC 控制器控制效果表现良好，舵角变化合理，静态误差几乎为 0，并表现出良好的鲁棒性。

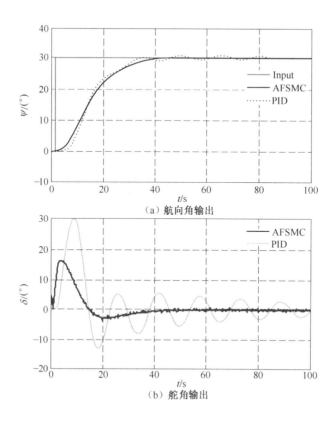

（a）航向角输出

（b）舵角输出

图 4.12　无干扰、航向设定 30°时航向角和舵角输出

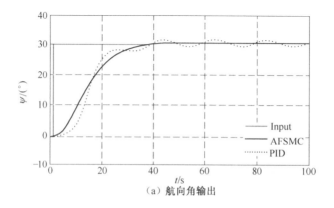

（a）航向角输出

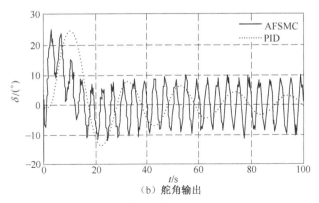

图 4.13　存在干扰和参数改变，航向设定 30°时航向角和舵角输出

2. 航向改变仿真实验

航向改变仿真实验结果如图 4.14 和图 4.15 所示。

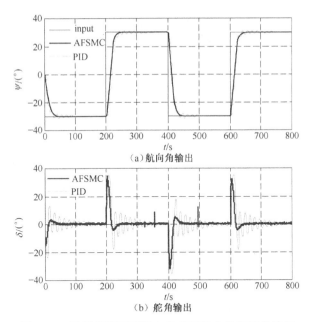

图 4.14　无干扰情况下航向改变时航向角和舵角输出

从图 4.14 和图 4.15 可以看出，在航向连续变化时，无论有无干扰和参数摄动，与 PID 控制相比，AFSMC 控制器都能使船舶精确跟踪期望航向，舵角动态响应较快，并表现出较强的鲁棒性。

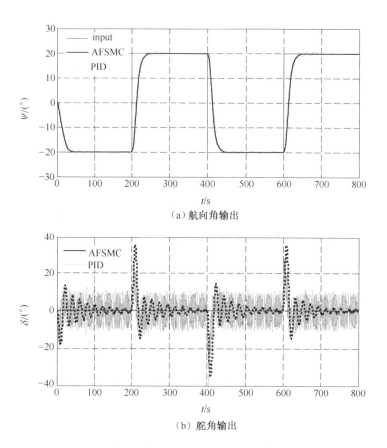

（a）航向角输出

（b）舵角输出

图 4.15　存在干扰和参数改变、航向改变时的航向角和舵角输出

3. 系统未知函数 $f(x, t)$、$g(x, t)$ 及 $\hat{f}(x, t)$、$\hat{g}(x, t)$ 的变化曲线

系统未知函数 $f(x, t)$、$g(x, t)$ 及 $\hat{f}(x, t)$、$\hat{g}(x, t)$ 的变化曲线如图 4.16 和图 4.17 所示。

从图 4.16 和图 4.17 可以看出，$\hat{f}(x, t)$ 与 $f(x, t)$ 的误差几乎能够收敛到 0，而 $\hat{g}(x, t)$ 与 $g(x, t)$ 之间的误差却一直存在，这与我们定义的最小逼近误差是一致的。说明自适应模糊逼近系统不必逼近参数的真实值，也能实现系统输出的完全跟踪。

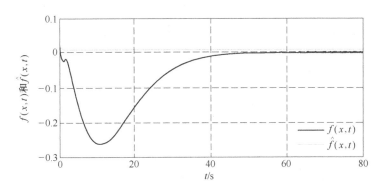

图 4.16　$f(x, t)$ 和 $\hat{f}(x, t)$ 的变化

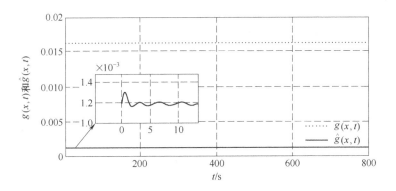

图 4.17　$g(x, t)$ 和 $\hat{g}(x, t)$ 的变化

4.4　基于扰动观测器的船舶航向 Backstepping 控制器设计

4.4.1　扰动观测器介绍

扰动是造成船舶运动控制性能下降的主要因素，必须加以抑制。由于受海浪、海流、海风的影响，以及船舶装载量的改

变等，扰动往往不可避免，并且扰动的形式复杂，其精确模型很难得到。扰动观测器（DOB）因具有结构简单、计算量小、不依赖于精确模型、不需要安装额外的传感器等特点，已被广泛应用于运动控制系统中，如电机伺服控制[143-146]、硬盘驱动[147-148]、机器人控制[149-150]等。

干扰观测器的基本思想是[151]，将外部力矩干扰和模型参数变化造成的实际对象与名义模型输出的差异等效到控制输入端，即观测出等效干扰，在控制中引入等量的补偿，实现对干扰的完全抑制。

▌4.4.2 船舶不确定性动态方程

本设计采用具有参数不确定性和外部干扰的二阶 Norrbin 模型，重写如下：

$$(T + \Delta T)\ddot{\psi} + \dot{\psi} + (\alpha + \Delta\alpha)\dot{\psi}^3 = (k + \Delta k)\delta + d \quad (4.42)$$

$$\delta_{max} = 35(°) \quad (4.43)$$

$$\dot{\delta}_{max} = 3(°)/s \quad (4.44)$$

式中，ψ 是船舶航向角；δ 为舵角；T 为时间常数；k 和 Δk 是舵角增益和舵角增益扰动；d 为外部干扰；α 和 $\Delta\alpha$ 为野本方程系数及其扰动，α 的值可通过螺旋实验获得。

选取状态变量 $x_1 = \psi$，$x_2 = \dot{\psi}$，$u = \delta$ 为控制变量，则船舶动态方程转化为如下形式：

$$\begin{cases} \dot{x}_1 = x_2 \\ \dot{x}_2 = f(x) + bu + F \\ y = x_1 \end{cases} \quad (4.45)$$

式中，$f(x) = (-x_2 - \alpha x_2^3)/T$；$b = k/T$；$F$ 为全部不确定性和干扰，即

$$F = (\Delta T\ddot{\psi} + \Delta\alpha\dot{\psi}^3 + \Delta k\delta)/T + d \quad (4.46)$$

4.4.3 非线性干扰观测器

本书采用如下非线性干扰观测器：

$$\begin{cases} \hat{F} = z + p(x_1, x_2) \\ \dot{z} = -L(x_1, x_2)z + L(x_1, x_2)[-p(x_1, x_2) - f(x) - bu] \end{cases}$$

$$(4.47)$$

式中，$p(x_1, x_2)$ 为待设计的非线性函数；$L(x_1, x_2)$ 为非线性观测器增益且满足

$$L(x_1, x_2)\dot{x}_2 = \mathrm{d}p(x_1, x_2)/\mathrm{d}t \qquad (4.48)$$

定义非线性观测器的观测误差为

$$\widetilde{F} = F - \hat{F} \qquad (4.49)$$

一般情况下没有干扰 F 的微分先验知识，假设相对于观测器的动态特性，干扰的变化是缓慢的，即

$$\dot{F} = 0 \qquad (4.50)$$

考虑到式（4.47）和式（4.50），观测器误差系统动态方程为

$$\begin{aligned} \dot{\widetilde{F}} = \dot{F} - \dot{\hat{F}} &= -\dot{z} - \dot{p}(x_1, x_2) \\ &= L(x_1, x_2)[z + p(x_1, x_2)] - L(x_1, x_2) \cdot \\ &\quad [\dot{x}_2 - f(x) - bu] \\ &= L(x_1, x_2)\hat{F} - L(x_1, x_2)F \\ &= -L(x_1, x_2)\widetilde{F} \end{aligned} \qquad (4.51)$$

由式（4.51）可知，通过适当选择 $L(x_1, x_2) > 0$，可以使观测误差按指数收敛。

选择 $L(x_1, x_2) = a$，$a > 0$ 为常数，设计

$$p(x_1, x_2) = ax_2 \qquad (4.52)$$

将非线性干扰观测器的输出送到增益调整模块，并将观测到的干扰转化成相应的输入通道的控制量。由系统式（4.45）得到

$$\dot{x}_2 = f(x) + b(u + F/b)$$

因此，干扰观测器的观测增益为 $1/b$，转化为控制变量为

$$u_F = F/b \qquad (4.53)$$

采用非线性干扰观测器的船舶航向控制系统框图如图 4.18 所示。

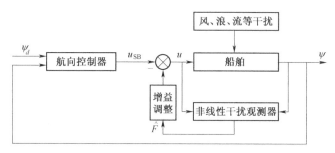

图 4.18　基于干扰观测器的船舶航向控制系统

▓ 4.4.4　船舶航向 Backstepping 控制器设计

采用干扰观测器后，系统式（4.45）的第 2 个子系统可以写为

$$\dot{x}_2 = f(x) + bu + F = f(x) + b(u_{SB} - u_F) + F$$

$$= f(x) + bu_{SB} - \hat{F} + F = f(x) + bu_{SB} + \widetilde{F} \qquad (4.54)$$

由式（4.54）可见，采用 NDO 后，系统的干扰由 F 变成了 $\hat{F}$，总干扰减少。原系统式（4.45）可表示为

$$\left. \begin{aligned} \dot{x}_1 &= x_2 \\ \dot{x}_2 &= f(x) + bu_{SB} + \widetilde{F} \\ y &= x_1 \end{aligned} \right\} \qquad (4.55)$$

对于系统式（4.55），采用 Backstepping 法设计控制器。定义系统误差为

$$e_1 = y - y_d \qquad (4.56)$$

$$e_2 = x_2 - \alpha_1(x_1) \qquad (4.57)$$

式中，$\alpha_1(x_1)$ 为待设计的虚拟控制量。对第一个误差子系统设

计虚拟控制量

$$\alpha_1(x_1) = -k_1 e_1 + \dot{y}_d, \quad k_1 > 0 \tag{4.58}$$

第 1 个误差子系统的动态方程为

$$\dot{e}_1 = \dot{y} - \dot{y}_d = x_2 - \dot{y}_d = -k_1 e_1 + e_2 \tag{4.59}$$

第 2 个误差子系统的动态方程为

$$\dot{e}_2 = \dot{x}_2 - \dot{\alpha}_1(x_1) = f(x) + b u_{SB} + \widetilde{F} - \dot{\alpha}_1(x_1) \tag{4.60}$$

定义滑模面 $s = c_1 e_1 + e_2$，$c_1 > 0$。假设未知不确定项 F 是有界的，且界未知，有 $|F| < \delta$。设计控制律为

$$u_{SB} = [c_1(k_1 e_1 - e_2) - f(x) + \dot{\alpha}_1(x_1) - e_1 - hs - \hat{\delta}\mathrm{sgn}(s)]/b \tag{4.61}$$

式中，$c_1 > 0$，$k_1 > 0$，$h > 0$ 皆为设计参数；$\hat{\delta}$ 是 δ 的估计值。

定义 $\widetilde{\delta} = \delta - \hat{\delta}$，参数自适应律为

$$\dot{\hat{\delta}} = \lambda|s| \tag{4.62}$$

式中，$\lambda > 0$，为设计参数。

下面进行稳定性分析。

对于整个闭环系统，考虑 Lyapunov 函数

$$V = \frac{1}{2}e_1^2 + \frac{1}{2}s^2 + \frac{1}{2\lambda}\hat{\delta}^2 + \frac{1}{2}\widetilde{F}^2 \tag{4.63}$$

对 V 求导数，得

$$\dot{V} = e_1\dot{e}_1 + s\dot{s} - \hat{\delta}\dot{\hat{\delta}}/\lambda + \widetilde{F}\dot{\widetilde{F}}$$

$$= -k_1 e_1^2 + e_1 e_2 + s(c_1\dot{e}_1 + \dot{e}_2) - \hat{\delta}\dot{\hat{\delta}}/\lambda + \widetilde{F}[-L(x_1, x_2)\widetilde{F}]$$

$$= -k_1 e_1^2 + e_1(s - c_1 e_1) + s(c_1\dot{e}_1 + \dot{e}_2) - \hat{\delta}\dot{\hat{\delta}}/\lambda - L(x_1, x_2)\widetilde{F}^2 \tag{4.64}$$

将控制律式 (4.61) 带入式 (4.64)，得

$$\dot{V} = -(k_1 + c_1)e_1^2 - L(x_1, x_2)\widetilde{F}^2 + s[\widetilde{F} - \hat{\delta}\mathrm{sgn}(s) - hs] - \hat{\delta}\dot{\hat{\delta}}/\lambda$$

$$\leq -(k_1 + c_1)e_1^2 - L(x_1, x_2)\widetilde{F}^2 - hs^2 + \delta|s| - \hat{\delta}|s| - \hat{\delta}\dot{\hat{\delta}}/\lambda$$

$$= -(k_1 + c_1)e_1^2 - L(x_1, x_2)\widetilde{F}^2 - hs^2 + \widetilde{\delta}|s| - \widetilde{\delta}\dot{\hat{\delta}}/\lambda \quad (4.65)$$

将自适应律式（4.62）代入 $\dot{\hat{\delta}}$，得

$$\dot{V} \leqslant -(k_1 + c_1)e_1^2 - L(x_1, x_2)\widetilde{F}^2 - hs^2 \quad (4.66)$$

$$= -(k_1 + c_1)e_1^2 - a\widetilde{F}^2 - hs^2$$

因为设计参数 k_1，c_1，a，h 均为大于 0 的参数，所以

$$\dot{V} \leqslant 0 \quad (4.67)$$

■4.4.5 仿真结果

为验证所设计的船舶航向滑模 Backstepping 控制器的性能，对一艘长 45m 的船舶进行航向保持和跟踪控制的仿真研究。当该船以 5m/s 的速度航行时，被控对象式（4.42）中的船舶运动模型动态参数为：$T = 31s$，$K = 0.5$，$\alpha = 0.4s^2$。由模型参数摄动引起的不确定性为 $(\Delta T\ddot{\psi} + \Delta\alpha\dot{\psi}^3 + \Delta k\delta)/T$ 和未建模动态引起的不确定性用 $0.02\sin(t)$ 表示，随机海况干扰采用第 3 章中式（3.36）的描述。控制律中相关参数选取为：$c_1 = 1$，$k_1 = 5$，$h = 4$，$\lambda = 0.1$，$a = 20$。选取初始状态 $x = [0, 0]$，仿真步长为 0.01s。仿真分航向保持和航向改变两种情况，在同一组参数下进行。此外，为了便于比较，仿真分为带扰动观测器和不带扰动观测器两种情况。所有的仿真结果见图 4.20～图 4.23。图中，"Expected" 表示期望航向，"Real" 表示实际航向。

1. NDO 观测效果

从图 4.19 可以看出，当系统存在时变干扰时，所设计的干扰观测器能够很好地观测出实际干扰，并具有良好的跟踪性能。

2. 船舶航向保持

图 4.20 和图 4.21 分别给出了没有 NDO 和有 NDO 时的船

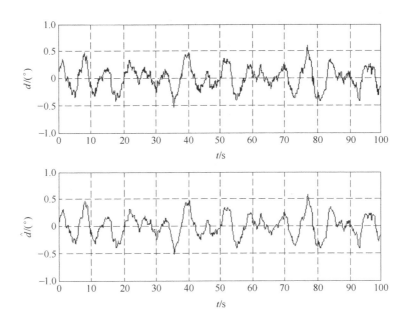

图 4.19　实际干扰及其观测值（干扰观测器输出）

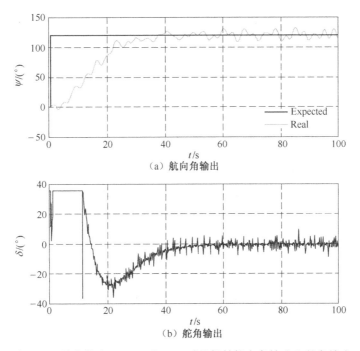

（a）航向角输出

（b）舵角输出

图 4.20　设定航向 120°，无 NDO 时的船舶航向角输出和舵角输出

舶航向保持仿真实验。从图 4.20 和图 4.21 可以看出，存在干扰观测器时，航向跟踪保持性能明显得到改善，舵角变化合理，静态误差几乎为 0，并表现出良好的鲁棒性。

3. 航向改变实验

图 4.22 和图 4.23 分别给出了没有 NDO 和有 NDO 时的船舶航向改变仿真实验。从图 4.22 和图 4.23 可以看出，存在干扰观测器时，航向跟踪性能比没有 NDO 时明显得到改善，舵角变化合理。跟踪误差明显减小，并表现出良好的鲁棒性。

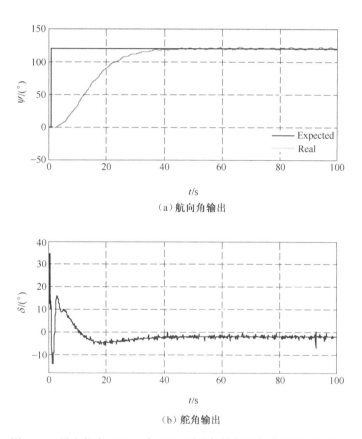

（a）航向角输出

（b）舵角输出

图 4.21　设定航向 120°，有 NDO 时的船舶航向角输出和舵角输出

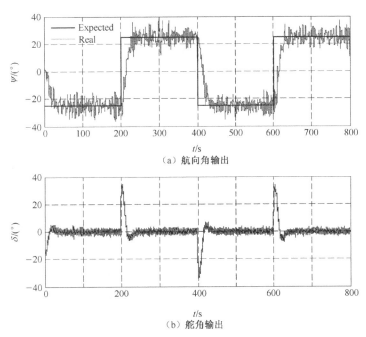

图 4.22　航向改变，无 NDO 时，航向角输出和舵角输出

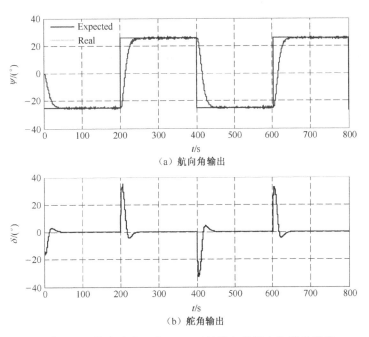

图 4.23　航向改变，有 NDO 时的航向角输出和舵角输出

4.5 小　　结

为了解决船舶航向控制中不确定性问题，本章提出了自抗扰控制、自适应模糊滑模控制和基于干扰观测器的滑模 Back-stepping 控制 3 种控制策略。

在自抗扰控制器设计中，对传统的 ESO 进行了改进，并采用遗传算法对参数进行整定，克服了人工参数调试带来的困难。在自适应模糊滑模控制中，通过自适应模糊推理系统对船舶动态系统中的未知非线性函数进行模糊逼近，解决了船舶动态结构和参数不确定性问题；通过采用 PI 控制代替对滑模控制的切换项，有效地降低了滑模控制的抖振问题。在滑模 Backstepping 控制中，综合运用了滑模算法、Backstepping 算法和 NDO 技术。通过采用非线性观测器观测系统的不确定性及海浪干扰，通过选择设计参数，使观测误差指数收敛。

上述 3 种方案虽然原理不同，但仿真结果证明，都能克服系统存在的不确定性和外部干扰问题，具有良好的跟踪性能和较强的鲁棒性。

■ 第 5 章 ■

欠驱动船舶航迹控制器设计

5.1 引　　言

　　由于绝大部分水面船舶只配备了一个螺旋桨和一个舵机，通过纵向推进力和转舵力矩实现 3 个自由度的运动，控制输入的个数少于运动的自由度数，因此，船舶航迹控制系统是欠驱动控制系统。系统的欠驱动特性是设计航迹控制器的最大困难。

　　通常根据参数轨迹给出的形式，将航迹控制分为直线航迹和曲线航迹两种控制方式。本章重点研究了直线航迹形式，采用多种控制方法设计了直线航迹控制器。在此基础上，进一步设计了曲线航迹控制器。

　　在直线航迹控制中，由于自抗扰控制算法简单，可以对系统的内外扰动进行估计并给予补偿，具有较强的适应性、鲁棒性，因此，本章首先研究自抗扰控制技术在船舶直线航迹控制中应用。

　　Backstepping 设计技术已成为非线性控制的主流设计技术，在航迹控制中应用研究较多[152-157]。其最大特点是，能够将高阶系统的设计问题分解成一系列相对低阶系统的设计问题，整个系统的 Lyapunov 函数可通过递归的构造获得，保证 Lyapunov 函数的导函数为负定的状态反馈镇定控制器也可递归地设计出来。本章将结合微分同胚变换方法，研究基于 Backstepping 控制技术的全状态反馈直线航迹控制器设计。

LOS 导航系统能够把欠驱动系统转变为全驱动系统，从而不受 Brocketts 条件的限制。本章研究 LOS 导航系统在船舶航迹中的应用。此外，滑模控制的强鲁棒性特点已在航向控制中得到证明。本章继续采用滑模控制，结合 LOS 导航系统实现船舶的直线航迹控制系统设计。

在上述基础上，研究应用 Backstepping 控制技术结合 LOS 导航系统实现船舶曲线航迹控制系统的设计方法。

5.2 欠驱动船舶直线航迹控制

■5.2.1 直线航迹数学模型

船舶直线航迹控制包括航向控制和船位控制两部分，直线航迹的船位控制是指对船舶偏离设定航迹线的横偏距离的控制。在大洋航行或长距离转向点航行中，驾驶员的操船目标是使船舶尽可能沿着预先设定的直线航迹航行，此时他们最关心的是横偏距离 y 和偏航角 φ，而不关心船舶沿航迹线的纵向位移 x。为使问题简化，本书参考文献［158−161］的做法，假定航迹线与正北（X 轴）重合，如图 5.1 所示。

第 3 章式（3.18）给出了平面内三自由度船舶运动数学模型：

$$\left.\begin{aligned}
\dot{\varphi} &= r \\
\dot{x} &= u\cos\varphi - v\sin\varphi \\
\dot{y} &= v\cos\varphi + u\sin\varphi
\end{aligned}\right\} \tag{5.1}$$

在航迹控制过程中，由于闭环反馈的控制作用，使船舶运动变化在平衡状态附近，此时船舶漂角较小，作用于船舶上的

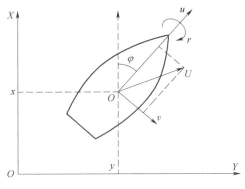

图 5.1　船舶直线航迹运动示意图

流体力为线性的。不妨假设漂角可以忽略，即有 $u \gg 0$；$v \approx 0$；前进的合速度 $U = \sqrt{u^2 + v^2} \approx u$；这时船舶运动数学模型式（5.1）为

$$\left. \begin{array}{l} \dot{\varphi} = r \\ \dot{x} = U\cos\varphi \\ \dot{y} = U\sin\varphi \end{array} \right\} \tag{5.2}$$

在实际中船舶直线运动经常呈现不稳定状态或临界稳定状态，这时的船舶运动呈现非线性。考虑模型中非线性项的影响，航向控制模型采用式（4.40）表示的非线性动态模型：

$$\dot{r} = - a_1 r - a_2 r^3 + b\delta \tag{5.3}$$

式中，$a_1 = 1/T$；$a_2 = \alpha/T$，α 为非线性项模型系数；$b = k/T$，K、T 为船舶操纵性能指数；δ 为输入舵角。

根据上述分析，将式（5.2）与式（5.3）组合，略去式（5.2）中对船舶纵向位移 x 的考虑，得到船舶直线航迹控制系统的非线性动态数学模型为

$$\left. \begin{array}{l} \dot{\varphi} = r \\ \dot{r} = - \dfrac{1}{T}r - \dfrac{\alpha}{T}r^3 + \dfrac{k}{T}\delta \\ \dot{y} = U\sin\varphi \\ |\delta| \leqslant 35(°) \end{array} \right\} \tag{5.4}$$

令 $x_1 = \varphi$，$x_2 = r$，$x_3 = y$，$\delta = u$， 则上面的方程可以改写为如下状态方程：

$$\left. \begin{array}{l} \dot{x}_1 = x_2 \\[3mm] \dot{x}_2 = -\dfrac{1}{T}x_2 - \dfrac{\alpha}{T}x_2^3 + \dfrac{k}{T}u \\[3mm] \dot{x}_3 = U\sin x_1 \end{array} \right\} \qquad (5.5)$$

由式（5.5）知，该系统同时具有非线性和不完全驱动的特性。船舶直线航迹控制的目标就是在全局范围内保证横偏位移 y、偏航角 φ 和艏摇角速度 r 都趋近于零。

■5.2.2 船舶直线航迹自抗扰控制器设计

从式（5.5）可以看出，船舶直线航迹控制系统由航向和横偏位移两个控制子系统组成，两个系统存在耦合，受一个输入 u 控制，是不完全驱动系统。这和一般自抗扰控制技术处理的二阶系统有较大差别：通常的自抗扰控制技术处理的对象是单输入单输出系统，而船舶直线航迹控制是单输入两输出控制系统。考虑到船舶直线航迹的控制关键是对航向的控制，因此控制律设计应以船舶航向的控制为主，同时兼顾对船舶的横偏位移的控制。对于系统式（5.5）中的第 1 式和第 2 式，对航向偏角的控制完全可以按典型的自抗扰控制技术来设计控制律，但一般不能保证船舶的横向偏移能够满足控制目标，所以对于系统式（5.5）第 3 式也要采用自抗扰控制技术来控制。整个系统的控制框图如图 5.2 所示。图中，φ_0，y_0 分别为设定航向和设定横偏位移。

对于通常的二阶单输入单输出系统，自抗扰控制算法的控制律中的 u_0 项由输出量与设定值的误差和其微分组合而成［参见式（4.8）］。对该直线航迹控制系统，考虑将控制律写成两个输出量与设定值的误差和其微分的组合形式，通过调节它们的增益系数来达到控制的目的，后面的仿真结果证实了该方法的有效性。

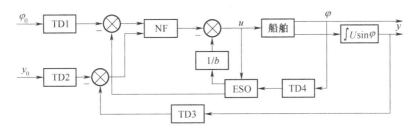

图 5.2　船舶直线航迹的自抗扰控制框图

1. 船舶直线航迹的自抗扰控制算法设计步骤

1）设计跟踪微分器。首先对船舶的航向设定值设计跟踪微分器 TD1（记为：$v1_1$，$v1_2$，r_1，h_{01}），对船舶的横偏位移设定值设计跟踪微分器 TD2（记为：$v2_1$，$v2_2$，r_2，h_{02}）。

这样做的目的是：①通过调节 r 的大小可以安排适当的过渡过程；②由此能够得到生成控制律所需的船舶航向设定值的微分量和横偏位移设定值的微分量。跟踪微分器的离散化形式同式（2.44），即

$$\left.\begin{aligned}v_1(k+1)&=v_1(k)+hv_2(k)\\v_2(k+1)&=v_2(k)+h\mathrm{fst}[v_1(k)-v_0,v_2(k),r,h_0]\end{aligned}\right\}$$

（5.6）

其次，在整个控制过程中，需要用到横偏位移 $y_{(t)}$ 及其微分 $\dot{y}_{(t)}$，但在实际中可测只有偏航角 $\varphi_{(t)}$ 和横偏位移 $y_{(t)}$，故再次设计一个与式（5.6）相同的跟踪微分器 TD3（记为：$v3_1$，$v3_2$，r_3，h_{03}），得到 $y_{(t)}$ 的跟踪值和 $\dot{y}_{(t)}$。

2）对船舶的航向设计扩张状态观测器。扩张状态观测器的设计有多种，从大的方面分类有线性和非线性两大类，式（2.51）是一种一般形式的扩张状态观测器。当系统的输出被噪声污染时，要想用扩张状态观测器得到比较好的估计值，需要先滤波处理量测数据。由于船舶运动时会受到风、浪、流的外界强烈干扰，系统的航向输出不可避免地受到噪声的干扰，所以设计扩张状态观测器时，采用跟踪微分器 TD4（记为：

$v4_1$，$v4_2$，r_4，h_{04}）进行噪声滤波，并用微分信号进行预测所得到的滤波值来建立扩张状态观测器，具体算法如下：

$$v_1(k+1) = v_1(k) + hv_2(k)$$
$$v_2(k+1) = v_2(k) + hfst(v_1(k) - \varphi, v_2(k), r_4, h_1)$$
$$\varphi^*(k) = v_1(k) + k_0hv_2(k)$$
$$\varepsilon_1 = z_1 - \varphi^*$$
$$\dot{z}_1 = z_2 - \beta_{01}\varepsilon_1$$
$$\dot{z} = z_3 - \beta_{02}fal(\varepsilon_1, a_{01}, \delta) + b_0u$$
$$\dot{z}_3 = -\beta_{03}fal(\varepsilon_1, a_{02}, \delta)$$

$$(5.7)$$

3）设计控制律。根据前面的分析，首先求出船舶航向输出与航向设定值的误差 e_1 及其误差微分 e_2，再求得船舶横偏位移输出与其设定值的误差 e_3 及其误差微分 e_4，控制律设计为 e_1、e_2、e_3、e_4 的非线性组合。

$$e_1 = v1_1 - z_1, \ e_2 = v1_2 - z_2, \ e_3 = v2_1 - v3_1, \ e_4 = v2_2 - v3_2$$
$$u_0 = \beta_{1(1)} \cdot fal(e_1, aa(1), d) +$$
$$\quad \beta_{1(2)} \cdot fal(e_2, aa(2), d) +$$
$$\quad \beta_{1(3)} \cdot fal(e_3, aa(3), d) +$$
$$\quad \beta_{1(4)} \cdot fal(e_4, aa(4), d)$$
$$u = u_0 - z_3/b$$

$$(5.8)$$

控制器的输出 u 是舵角命令信号 δ。

2. 船舶直线航迹自抗扰控制器参数整定方法

自抗扰控制器的性能与其参数的选取具有重要关系。本节使用"分离性"原理进行参数整定，即分别独立设计出跟踪微分器（TD）、扩张状态观测器（ESO）、误差反馈部分，然后组合成完整的自抗扰控制器。

1）船舶直线航迹自抗扰控制器具有不同作用的 4 个跟踪

微分器（TD），8 个参数，分别是 (r_1, h_{01})，(r_2, h_{02})，(r_3, h_{03})，(r_4, h_{04})。前 TD1～TD3 主要为了得到合适的过渡过程和微分信号，所以参数取值几乎一样。TD4 主要为了进行滤波，所以主要调整滤波因子 h_0。

2）扩张状态观测器（ESO）有 3 个参数 β_{01}、β_{02}、β_{03}，调试时应结合非线性控制律（NF）根据系统的输出进行。首先将 NF 的初始参数设为较小的数；然后粗调 ESO 参数，按从小到大顺序慢慢调整 β_{01}，观察 z_1 跟踪航向 φ^* 的效果；调整 β_{02}，观察 z_2 跟踪航向 φ 的微分的效果；最后调整 β_{03}，实现 ESO 对状态变量及扰动的精确跟踪。当然，这 3 个参数的调整不是一劳永逸的，有时需要反复多次调整才能得到最佳效果。

3）交叉调整 NF 与 ESO 参数，观察对应信号的跟踪与输出，直到满意为止。调试经验表明，参数 d 对减小系统超调非常重要。

最终整定后的参数为

$r_1 = 30$，$r_2 = r_3 = 10$，$r_4 = 8$，$h_{01} = h_{02} = h_{03} = h_{04} = 0.01$；

$T = h = 0.01$；$h_0 = 0.01$；

$\beta_{01} = 75$，$\beta_{02} = 55$，$\beta_{03} = 80$；$\beta_1 = 6$，$\beta_2 = 15$，$\beta_3 = 0.12$，

$\beta_4 = 0.2$；$b = 1.5$；$d = 0.01$；

$aa(1) = 0.46$，$aa(2) = aa(3) = aa(4) = 0.55$

5.2.3　仿真结果

以文献［159］中实习船为例进行航迹控制设计。船长为 126m，船宽为 20.8m，满载吃水为 8.0m，方形系数为 0.681，船速为 7.7m/s。通过计算得 $K = 0.478$，$T = 216$，取 $\alpha = 30$。仿真分两种情况：

1）小偏角、小横偏位移（初始航向 10°，初始横偏位移 500 m）。

2）大偏角、大横偏位移（初始航向 160°，初始横偏位移

1000 m）。

分别在两种环境下进行仿真：①无风浪干扰；②有风浪等干扰。

将风浪干扰处理为幅值为 2 的恒值干扰与幅值为 0.5 的正弦信号以及幅值为 0.1 的随机噪声信号的叠加。为了便于对比，采用文献［162］介绍的控制律在同一条件下也进行了仿真。

仿真结果如图 5.3 和图 5.4 所示。其中灰色线条为自抗扰控制的结果，黑色粗线条为采用文献［162］控制律的仿真结果。

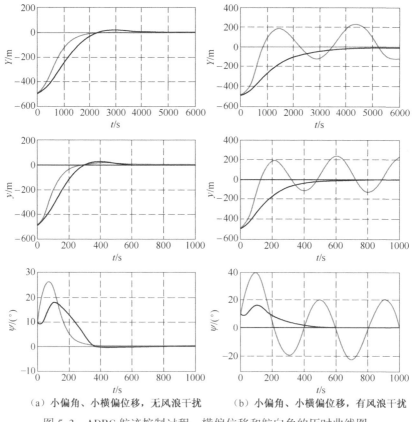

（a）小偏角、小横偏位移，无风浪干扰　　（b）小偏角、小横偏位移，有风浪干扰

图 5.3　ADRC 航迹控制过程、横偏位移和航向角的历时曲线图

从仿真结果上看：

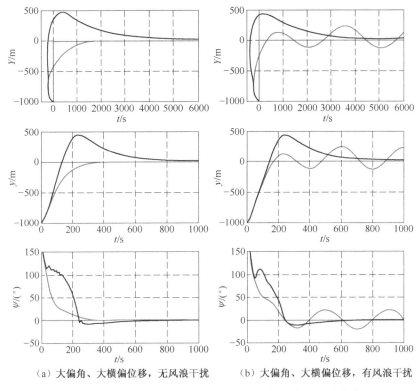

（a）大偏角、大横偏位移，无风浪干扰　　（b）大偏角、大横偏位移，有风浪干扰

图 5.4　ADRC 航迹控制过程、横偏位移和航向角的历时曲线图

　　没有干扰，初始偏离较小时，自抗扰控制律和文献〔162〕设计的控制律控制效果差别不大；初始偏离较大时，尽管与文献〔162〕相比，横偏位移有超调，航向角出现了些许抖动，但历时曲线都较为平滑且都能在短时间内达到稳态，而且静态误差几乎为 0。

　　存在干扰时，无论是初始偏离较小还是初始偏离较大，采用文献〔162〕控制律时系统不能稳定运行。在自抗扰控制律下，尽管航向角出现了部分抖动，大偏角、大横偏位移时的历时曲线的超调量加大，动态过程都相对延长，但还是具有很高的稳态精度。说明 ADRC 控制器具有很高的抗干扰能力。

5.3 基于微分同腔变换的船舶直线 Backstepping 航迹控制

第 3 章式（3.18）给出了平面内三自由度船舶运动数学模型，由于直线航迹跟踪对横坐标无控制要求，所以横向跟踪数学模型可以描述为

$$
\left.
\begin{aligned}
\dot{y} &= u\sin\psi + v\cos\psi \\[2mm]
\dot{v} &= -\frac{m_{11}}{m_{22}}ur - \frac{d_{22}}{m_{22}}v \\[2mm]
\dot{\psi} &= r \\[2mm]
\dot{r} &= \frac{m_{11} - m_{22}}{m_{33}}uv - \frac{d_{33}}{m_{33}}r + \frac{1}{m_{33}}\delta
\end{aligned}
\right\}
\tag{5.9}
$$

式中，y、v、ψ、r 分别是横偏位移、横移速度、航向角、艏摇角速度；u 为前进速度，为主推进控制系统所控制。不失一般性，假定 u 是正的，如果 u 是时变的，则其微分是有界的，即 $0 < u_{\min} \leqslant u(t) \leqslant u_{\max} < \infty$，以及 $|\dot{u}(t)| \leqslant M < \infty$，$\forall t \geqslant 0$。$m_{jj}(1 \leqslant j \leqslant 3)$ 表示船舶重量惯性和水动力附加惯性，为正值；d_{22}，d_{33} 表示在横向和艏摇方向上的水动力阻尼参数。

控制的目标是，设计控制律 δ 能够控制船舶跟踪保持直线航迹，即：横偏位移 y 和航向角 ψ 都渐进收敛到 0。

▌5.3.1 Backstepping 控制器设计

假定所有状态 y，v，ψ，r 都可测量情况下，采用全状态反馈设计控制律。本节借鉴文献［161］的做法，给定微分同腔变换

$$z_1 = \psi + \arcsin\left[\frac{ky}{\sqrt{1 + (ky)^2}}\right] \tag{5.10}$$

式中，设计参数 k 为系统响应调节系数。如果 $y = 0$ 且 $z_1 = 0$，那么有 $\psi = 0$。应用式（5.10）的微分同胚变换，则系统式（5.9）变换为

$$
\left.
\begin{aligned}
\dot{y} =& -\frac{kuy}{\sqrt{1 + (ky)^2}} + \frac{v}{\sqrt{1 + (ky)^2}} \\
&+ \frac{u\{\sin(z_1) - [\cos(z_1) - 1]ky\}}{\sqrt{1 + (ky)^2}} \\
&+ \frac{v\{[\cos(z_1) - 1] + ky\sin(z_1)\}}{\sqrt{1 + (ky)^2}} \\
\dot{v} =& -\frac{m_{11}}{m_{22}}ur - \frac{d_{22}}{m_{22}}v \\
\dot{z}_1 =& \; r - \frac{k^2 uy}{[1 + (ky)^2]^{3/2}} + \frac{kv}{[1 + (ky)^2]^{3/2}} \\
&+ \frac{ku\{\sin(z_1) - [\cos(z_1) - 1]ky\}}{[1 + (ky)^2]^{3/2}} \\
&+ \frac{kv\{[\cos(z_1) - 1] + ky\sin(z_1)\}}{[1 + (ky)^2]^{3/2}} \\
\dot{r} =& \; \frac{m_{11} - m_{22}}{m_{33}}uv - \frac{d_{33}}{m_{33}}r + \frac{1}{m_{33}}\delta
\end{aligned}
\right\} \tag{5.11}
$$

因此，使系统式（5.9）在原点稳定的问题就变为使系统式（5.11）在原点稳定。现采用 Backstepping 技术设计控制律，分 3 步进行。

步骤 1：定义中间控制输入 r_d。

定义：

$$z_2 = r - r_d \tag{5.12}$$

r_d 定义为

$$r_d = -k_1 z_1 + \frac{k^2 uy}{[1+(ky)^2]^{3/2}} - \frac{kv}{[1+(ky)^2]^{3/2}}$$

$$+ \frac{ku\{\sin(z_1) - [\cos(z_1) - 1]ky\}}{[1+(ky)^2]^{3/2}}$$

$$+ \frac{kv\{[\cos(z_1) - 1] + ky\sin(z_1)\}}{[1+(ky)^2]^{3/2}}$$

式中, k_1 是正常数。

步骤 2: 对 z_2 求导可得

$$\dot{z} = \frac{(m_{11} - m_{22})u}{m_{22}}v - \frac{d_{33}}{m_{33}}r + \frac{1}{m_{33}}\delta - \frac{\partial r_d}{\partial u}\dot{u} - \frac{\partial r_d}{\partial z_1}(-k_1 z_1 + z_2)$$

$$- \frac{\partial r_d}{\partial y}\left\{ -\frac{kuy}{\sqrt{1+(ky)^2}} + \right.$$

$$\frac{v}{\sqrt{1+(ky)^2}} + \frac{u\{\sin(z_1) - [\cos(z_1) - 1]ky\}}{\sqrt{1+(ky)^2}}$$

$$\left. + \frac{v\{[\cos(z_1) - 1] + ky\sin(z_1)\}}{\sqrt{1+(ky)^2}} \right\}$$

$$- \frac{\partial r_d}{\partial v}\left(-\frac{m_{11}}{m_{22}}ur - \frac{d_{22}}{m_{22}}v \right) \tag{5.13}$$

式中, $\dfrac{\partial r_d}{\partial u} = \dfrac{k^2 y}{[1+(ky)^2]^{3/2}} - \dfrac{k\{\sin(z_1) - [\cos(z_1) - 1]ky\}}{[1+(ky)^2]^{3/2}}$

$$\frac{\partial r_d}{\partial z_1} = -k_1 - \frac{ku[\cos(z_1) + ky\sin(z_1)]}{[1+(ky)^2]^{3/2}}$$

$$- \frac{kv[-\sin(z_1) + ky\cos(z_1)]}{[1+(ky)^2]^{3/2}}$$

$$\frac{\partial r_d}{\partial y} = \frac{-3k^3 y\{kuy - u[\sin(z_1) - y(\cos(z_1) - 1)]\}}{(1+(ky)^2)^{5/2}}$$

$$- \frac{v\{[\cos(z_1) - 1] + y\sin(z_1)\}}{(1+(ky)^2)^{5/2}}$$

$$+ \frac{v\{[\cos(z_1) - 1] + y\sin(z_1)\}}{[1+(ky)^2]^{5/2}}$$

$$+ \frac{k^2 [u\cos(z_1) - v\sin(z_1)]}{[1 + (ky)^2]^{3/2}}$$

$$\frac{\partial r_d}{\partial v} = - \frac{k}{[1 + (ky)^2]^{3/2}} [\cos(z_1) + \sin(z_1)ky]$$

步骤 3：选取实际控制输入

$$\delta = m_{33} \Biggl\{ -z_1 - k_2 z_2 - \frac{m_{11} - m_{22}}{m_{33}} uv - \frac{d_{33}}{m_{33}} r + \frac{\partial r_d}{\partial u} \dot{u} + \frac{\partial r_d}{\partial z_1} (-k_1 z_1 + z_2)$$

$$+ \frac{\partial r_d}{\partial y} \Biggl[- \frac{kuy}{\sqrt{1 + (ky)^2}} + \frac{v}{\sqrt{1 + (ky)^2}}$$

$$+ \frac{u[\sin(z_1) - \cos(z_1) - 1]ky}{\sqrt{1 + (ky)^2}}$$

$$+ \frac{v\{ [\cos(z_1) - 1] + ky\sin(z_1) \}}{\sqrt{1 + (ky)^2}} \Biggr] + \frac{\partial r_d}{\partial v} \Biggl(- \frac{m_{11}}{m_{22}} ur - \frac{d_{22}}{m_{22}} V \Biggr) \Biggr\}$$

$$(5.14)$$

则闭环系统为

$$\dot{y} = - \frac{kuy}{\sqrt{1 + (ky)^2}} + \frac{v}{\sqrt{1 + (ky)^2}} + \frac{u\{ \sin(z_1) - [\cos(z_1) - 1]ky \}}{\sqrt{1 + (ky)^2}}$$

$$+ \frac{v\{ [\cos(z_1) - 1] + ky\sin(z_1) \}}{\sqrt{1 + (ky)^2}}$$

$$\dot{v} = - \frac{d_{22}}{m_{22}} v - \frac{m_{11} u}{m_{22}} \frac{k^2 uy - kv}{[1 + (ky)^2]^{3/2}} - \frac{m_{11} u}{m_{22}} \Biggl\{ -k_1 z_1 + z_2$$

$$\frac{ku\{ \sin(z_1) - [\cos(z_1) - 1]ky \}}{[1 + (ky)^2]^{3/2}}$$

$$\frac{kv\{ [\cos(z_1) - 1] + ky\sin(z_1) \}}{[1 + (ky)^2]^{3/2}} \Biggr\}$$

$$\dot{z}_1 = -k_1 z_1 + z_2$$

$$\dot{z}_2 = -z_1 - k_2 z_2 - \frac{d_{33}}{m_{33}} z_2$$

$$(5.15)$$

5.3.2 仿真结果

以文献［155］中实习船为例进行航迹控制设计。船长为38 m，质量 118×10^3 kg。船舶的其他参数经计算为：$m_{11} = 120 \times 10^3$，$m_{22} = 177 \times 10^3$，$m_{33} = 636 \times 10^5$，$d_{11} = 215 \times 10^2$，$d_{22} = 147 \times 10^3$，$d_{33} = 803 \times 10^4$。控制器参数取为：$k = 0.05$，$k_1 = 0.2$，$k_2 = 0.5$。系统状态初始值为 $[y(0), \psi(0), v(0), r(0)] = [-500\ \text{m}, -0.5\ \text{rad}, 0, 0.5\ \text{rad/s}]$。

仿真结果如图 5.5 所示。

从图中可以看出，微分同胚变换后，通过状态反馈能够使横偏位移 y 和航向角 ψ 渐进为 0，能够实现控制的预期效果。

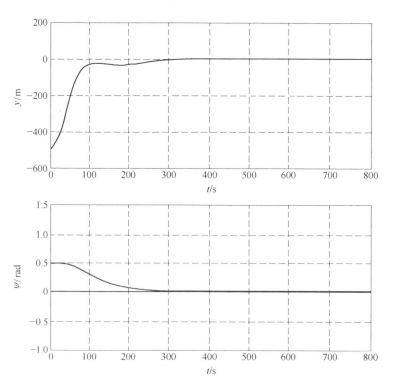

图 5.5　状态反馈控制下，横偏位移和航向角的历时曲线图

5.4　基于 LOS 导航+滑模控制的船舶直线航迹控制

Line-of-sight（LOS）导航是一种简单有效的导航方法，在导弹、无人机、移动机器人等领域得到广泛应用。它得出的参考航向指令为从船舶当前位置指向目标点的"视线"方向。基于 LOS 导航的船舶航迹控制系统可以在航向控制系统基础上外加位置反馈进行设计[163-165]，即把航迹控制问题看成一系列航向保持与航向改变问题，将航迹控制分解成制导环与航向控制环，制导环根据航迹偏差给出指令航向，由航向控制环实现航向控制，从而完成航迹控制。控制系统框图如图 5.6 所示。这种控制方案的优点是，把欠驱动船舶航迹控制转变为全驱动系统，从而不受 Brocketts 条件的限制。

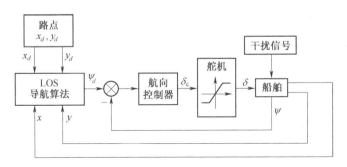

图 5.6　基于 LOS 导航的船舶航迹控制系统框图

■ 5.4.1　LOS 导航算法

LOS 导航算法体现了对舵工操舵和船舶运行的直观理解，即：如果让一艘船的航向保持对准"LOS 角"，那么就能使该船到达所期望的位置。LOS 的这一特性使其在 20 世纪 90 年代末开始应用于船舶的航迹控制中[163-165]。LOS 导航算法通过计算 LOS 角和 LOS 位置实现船舶的导航，如图 5.7 所示。

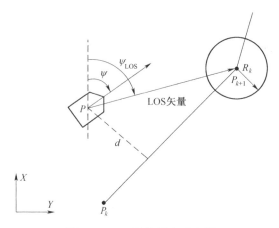

图 5.7 LOS 导航算法示意图

1. LOS 角的计算

LOS 角可以通过 LOS 矢量和 LOS 位置来定义。LOS 矢量是指从船舶当前位置指向期望到达的位置的矢量，期望到达的位置称为 LOS 位置，最简单的情况如图 5.7 所示，下一个路点 P_{k+1} 为期望到达的位置，则 $\overrightarrow{PP_{k+1}}$ 即为 LOS 矢量。LOS 角定义为 LOS 矢量与 X 轴的夹角，方向由 X 轴指向 LOS 矢量。LOS 角即为期望的航向角。

假设 LOS 的位置为 $P_{\text{LOS}} = [x_{\text{LOS}}, y_{\text{LOS}}]^{\text{T}}$，船舶当前的位置为 $P = [x, y]^{\text{T}}$，那么 LOS 角可以由下面的公式计算得到：

$$\psi_{\text{LOS}} = \arctan\left(\frac{y_{\text{LOS}} - y}{x_{\text{LOS}} - x}\right) \tag{5.16}$$

若 LOS 的位置位于前一个路点和后一个路点的连线间，如图 5.8 所示，则以 $P(x, y)$ 为圆心，R 为半径画一条圆弧（R 一般取 nL_{PP}，其中 $n \geqslant 1$，否则船舶将会围绕所跟随的航迹振荡），当船舶位于给定航迹附近时，圆弧与直线 $P_{k-1}P_k$ 相互交有两个交点 A_B 和 A_F，见图 5.8。距离下一个路点 P_k 最近的点为 A_F，则起始于船舶当前位置的 $p(x, y)$ 点终止于 A_F 的矢量定义为 LOS 矢量。LOS 角可同法求得。

2. LOS 位置的计算

LOS 位置一般通过如下两式求得：

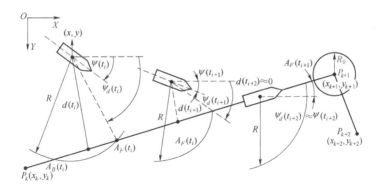

图 5.8　定半径的 LOS 导航算法示意图

$$\frac{y_{\text{LOS}} - y_k}{x_{\text{LOS}} - x_k} = \frac{y_{k+1} - y_k}{x_{k+1} - x_k} = 常量 \qquad (5.17)$$

$$(x_{\text{LOS}} - x)^2 + (y_{\text{LOS}} - y)^2 = (nL_{PP})^2 \qquad (5.18)$$

当船舶沿着由路点组成的航迹航行时，需要有一个选择下一个路点 P_{k+2} 的转换算法，一般是采用如下方法。

如果船舶在当前的位置 $[x(t), y(t)]$ 满足了如下条件：

$$[x_{k+1} - x(t)]^2 + [y_{k+1} - y(t)]^2 \leqslant R_0^2 \qquad (5.19)$$

式中，R_0 为以路点为圆心的圆弧半径。则在计算 $(x_{\text{LOS}}, y_{\text{LOS}})$ 以及 ψ_d 时，应选取下一个路点，即：取 $k = k + 1$。

值得注意的是，当航迹偏差 d 大于半径 R 时，上述导航算法失效。为了解决这个问题并提高 LOS 算法的收敛性，文献［163］对上述 LOS 算法进行了改进，R 不再取常值，而是采用可变 R 的方法，R 的取值与偏差 d 成线性关系：

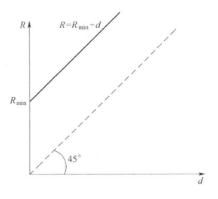

图 5.9　R 和 d 的关系示意图

$$R = d + R_{\min} \qquad (5.20)$$

$R_{\min}$ 一般取一个 L_{PP} 即可。d 的计算方法见文献［163］。R 和 d 的关系如图 5.9 所示。

■5.4.2 基于 LOS 的直线航迹滑模控制器设计

1. 船舶横向跟踪数学模型

为使问题简化，同 5.2 节的处理方法一样，假定航迹线与正北（X 轴）重合，直线航迹偏差，即横向跟踪误差（Cross-track error）用坐标 y_d 表示。假定船舶具有良好的速度控制，纵向速度 $u = u_c > 0$ 为常数。由于直线航迹跟踪对横坐标无控制要求，所以横向跟踪数学模型可以描述为式（5.9）形式，重写如下：

$$\left.\begin{array}{l} \dot{y}_d = u\sin\psi + v\cos\psi \\[2mm] \dot{v} = -\dfrac{m_{11}}{m_{22}}ur - \dfrac{d_{22}}{m_{22}}v \\[2mm] \dot{\psi} = r \\[2mm] \dot{r} = \dfrac{m_{11} - m_{22}}{m_{33}}uv - \dfrac{d_{33}}{m_{33}}r + \dfrac{1}{m_{33}}\delta \end{array}\right\} \qquad (5.21)$$

式中参数见 3.4 节或 5.2 节。

2. 直线跟踪稳定性

LOS 导航下直线航迹如图 5.10 所示，控制目标为：使水面船舶从任意初始状态出发，沿直线作航迹运动，横向跟踪误差 y_d 全局渐进收敛。由于横向运动没有控制输入，因此需要设计恰当的控制律和控制参数，以保证系统的稳定性。

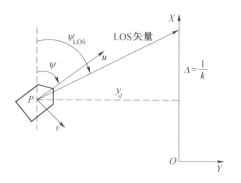

图 5.10　LOS 导航下直线航迹示意图

研究系统模型式（5.21），航向角 ψ 可以看作是航迹跟踪误差 y_d 的虚拟控制，选择镇定函数

$$\psi_d = \alpha(y_d) = -a\tan(ky_d)，$$ 并定义相应的参考航向角速度

$$r_d = \dot{\psi}_d = -k\cos^2\psi_d(u\sin\psi + v\cos\psi) \qquad (5.22)$$

参考航向角 ψ_d 可以看作船舶以 X 轴上前方 $\Delta = \dfrac{1}{k}$ 的点 P

为瞄准点的 LOS 角，如图 5.10 所示。

当 $\psi = \psi_d$，$r = r_d$ 时，有

$$\dot{y}_d = u\sin\psi_d + v\cos\psi_d \qquad (5.23)$$

$$\dot{v} = -(d - cuk\cos^3\psi_d)v + cu^2k\cos^2\psi_d\sin\psi_d \qquad (5.24)$$

则当参数 k 满足 $k < \dfrac{d_{22}}{3um_{11}}$ 时，系统是全局一致渐进稳定的。

证明：选取 lyapunov 函数

$$V(y_d,\ v) = \frac{\lambda}{2}y_d^2 + \frac{1}{2}v^2 \qquad (5.25)$$

式中，$\lambda>0$。求导得到

$$
\begin{aligned}
\dot{V}(y_d,\ v) &= -\frac{uk\lambda y_d^2}{\sqrt{1+(ky_d)^2}} - \left\{\frac{d_{22}}{m_{22}} - \frac{m_{11}uk}{m_{22}[1+(ky_d)^2]^{3/2}}\right\}v^2 \\
&\quad + \frac{y_d v}{\sqrt{1+(ky_d)^2}}\left[\lambda - \frac{m_{11}}{m_{22}}\frac{u^2k^2}{1+(ky_d)^2}\right] \\
&= -\frac{uk\lambda y_d^2}{2\sqrt{1+(ky_d)^2}} - \frac{d_{22}}{2m_{22}}v^2 - \frac{uk\lambda y_d^2}{2\sqrt{1+(ky_d)^2}} \\
&\quad - \left\{\frac{d_{22}}{2m_{22}} - \frac{m_{11}uk}{m_{22}[1+(ky_d)^2]^{3/2}}\right\}v^2 \\
&\quad + \frac{y_d v}{\sqrt{1+(ky_d)^2}}\left[\lambda - \frac{m_{11}}{m_{22}}\frac{u^2k^2}{1+(ky_d)^2}\right] \qquad (5.26)
\end{aligned}
$$

首先应选择参数满足

$$\frac{d_{22}}{2m_{22}} > \frac{m_{11}}{m_{22}}uk \geqslant \frac{m_{11}}{m_{22}}\frac{uk}{[1+(ky_d)^2]^{3/2}} \qquad (5.27)$$

即

$$k < \frac{d_{22}}{2um_{11}} \tag{5.28}$$

同时选择 λ 满足

$$\lambda > \frac{m_{11}}{m_{22}}u^2k^2 \geqslant \frac{m_{11}}{m_{22}}\frac{u^2k^2}{1 + (ky_d)^2} \tag{5.29}$$

此时，有

$$\dot{V}(y_d, v) \leqslant -\frac{uk\lambda y_d^2}{2\sqrt{1 + (ky_d)^2}} - \frac{d_{22}}{2m_{22}}v^2 - \frac{uk\lambda y_d^2}{2[1 + (ky_d)^2]} -$$
$$\left(\frac{d_{22}}{2m_{22}} - \frac{m_{11}}{m_{22}}uk\right)v^2 + \frac{\lambda \mid y_d v \mid}{\sqrt{1 + (ky_d)^2}} \tag{5.30}$$

为使

$$-\frac{uk\lambda y_d^2}{2[1 + (ky_d)^2]} - \left(\frac{d_{22}}{2m_{22}} - \frac{m_{11}}{m_{22}}uk\right)v^2 + \frac{\lambda \mid y_d v \mid}{\sqrt{1 + (ky_d)^2}} \leqslant 0$$

$$\tag{5.31}$$

参数 k，λ 应满足

$$\frac{uk}{2}\left(\frac{d_{22}}{2m_{22}} - \frac{m_{11}}{m_{22}}uk\right) \geqslant \frac{1}{4}\lambda \tag{5.32}$$

为保证存在 λ 满足式（5.29），参数 k 应满足

$$\frac{uk}{2}\left(\frac{d_{22}}{2m_{22}} - \frac{m_{11}}{m_{22}}uk\right) \geqslant \frac{1}{4}\frac{m_{11}}{m_{22}}u^2k^2 \tag{5.33}$$

整理得到

$$k < \frac{d_{22}}{3um_{11}} \tag{5.34}$$

同时满足式（5.28）。此时

$$\dot{V}(y_d, v) \leqslant -\frac{uk\lambda y_d^2}{2\sqrt{1 + (ky_d)^2}} - \frac{d_{22}}{2m_{22}}v^2 \tag{5.35}$$

即系统（1）描述的横向跟踪误差全局一致渐进稳定。

不等式 $k < \dfrac{d_{22}}{3um_{11}}$ 的物理意义是，为保证直线跟踪的稳定

性，在 X 轴上的动态视线点 P 不能离船舶太近，应满足距离

$$\Delta = \frac{1}{k} < \frac{3um_{11}}{d_{22}} \tag{5.36}$$

3. 滑模跟踪控制

定义航向跟踪误差

$$e = \psi - \psi_d \tag{5.37}$$

则切换函数

$$s(e) = c_1 e + \dot{e} = c_1 e + r - \dot{\psi}_d \tag{5.38}$$

式中，$c_1 > 0$。对切换函数求导，得

$$\dot{s}(e) = c_1 \dot{e} + \dot{r} - \ddot{\psi}_d = c_1(r - \dot{\psi}_d) + \frac{m_{11} - m_{22}}{m_{33}} uv - \frac{d_{33}}{m_{33}} r + \frac{1}{m_{33}} \delta - \ddot{\psi}_d$$

$$= -c_2 s - \eta \mathrm{sgn}(s) \tag{5.39}$$

忽略根据视线导引所得到的参考航向角的动态特性，即

$$\ddot{\psi}_d = \dot{\psi}_d = 0 \tag{5.40}$$

可得到控制舵角为

$$\delta = \{m_{33}[-c_2 s - \eta \mathrm{sgn}(s) - c_1 r] - (m_{11} - m_{22})uv + d_{33}r\} \tag{5.41}$$

■ 5.4.3　仿真结果

以文献［155］中实习船为例进行航迹控制设计。船长为 38m，质量为 118×10^3 kg。船舶的其他参数经计算为：$m_{11} = 120 \times 10^3$，$m_{22} = 177 \times 10^3$，$m_{33} = 636 \times 10^5$，$d_{11} = 215 \times 10^2$，$[x(0)\quad y(0)\quad \psi(0)\quad u(0)\quad v(0)\quad r(0)] = [0\quad 0\quad 0\quad 24\quad 0\quad 0.5]$，$d_{22} = 147 \times 10^3$，$d_{33} = 803 \times 10^4$，$[x_d(0)\quad y_d(0)\quad \psi_d(0)\quad u_d(0)\quad v_d(0)\quad r_d(0)] = [0\quad 200\quad 5°\quad 15\quad 0\quad 0.5]$，$\Delta = 3L$，$c_1 = 5$，$c_2 = 0.05$。

仿真结果如图 5.11 所示。

从图 5.11 可以看出，航迹偏差几乎为指数衰减，操舵角几乎没有振荡现象。仿真结果证明了基于 LOS 和滑模控制技

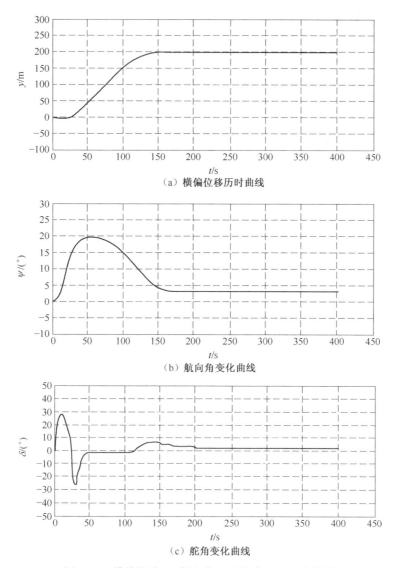

（a）横偏位移历时曲线

（b）航向角变化曲线

（c）舵角变化曲线

图 5.11　横偏位移 y、航向角 ψ 和舵角 δ 的响应曲线

术进行船舶直线航迹控制的有效性。

　　船舶直线航迹控制，只能解决两个转向点之间的直线航行，不能实现曲线航行，即无法实现转向点处的转向控制。因此寻求既能控制直线航行又能实现曲线航行的控制策略尤其必要，也是实际应用的要求。

5.5　基于 LOS 导航+Backstepping 控制的船舶曲线航迹控制

5.5.1　三自由度非线性数学模型

三自由度数学模型见 3.2.4 小节，为了方便，重写如下：

$$\dot{\eta} = R(\psi)\upsilon \qquad (5.42)$$

$$M\dot{\upsilon} + N(\upsilon)\upsilon = \begin{bmatrix} \tau_1 \\ 0 \\ \tau_3 \end{bmatrix} \qquad (5.43)$$

这里，$\eta = [x, y, \psi]^{\mathrm{T}}$，$\upsilon = [u, \upsilon, \gamma]^{\mathrm{T}}$，$R(\psi) = \begin{bmatrix} \cos\psi & -\sin\psi & 0 \\ \sin\psi & \cos\psi & 0 \\ 0 & 0 & 1 \end{bmatrix}$，

$$M = \begin{bmatrix} m_{11} & 0 & 0 \\ 0 & m_{22} & m_{23} \\ 0 & m_{32} & m_{33} \end{bmatrix} = \begin{bmatrix} m - X_{\dot{u}} & 0 & 0 \\ 0 & m - Y_{\dot{v}} & mx_g - Y_{\dot{r}} \\ 0 & m - N_{\dot{v}} & I_z - Y_{\dot{r}} \end{bmatrix},$$

$$N(\upsilon) = \begin{bmatrix} n_{11} & 0 & 0 \\ 0 & n_{22} & n_{23} \\ 0 & n_{32} & n_{33} \end{bmatrix} = \begin{bmatrix} -X_{\dot{u}} & 0 & 0 \\ 0 & -Y_{\dot{v}} & mu - Y_r \\ 0 & -N_{\dot{v}} & mx_g u - N_r \end{bmatrix}。$$

惯性矩阵 M 是不对称的，这在进行 Lyapunov 稳定性分析时会困难很多。但可以通过增加一个加速度反馈内环，使其变为对称矩阵。假定横向加速度 $\dot{\upsilon}$ 可测量，则加速度反馈内环形式为

$$\tau_3 = (m_{32} - m_{23})\dot{\upsilon} + \tau_3^* \qquad (5.44)$$

τ_3^* 为新的控制变量。增加加速度反馈内环后，原数学模

型就变为

$$\dot{\eta} = R(\psi)\upsilon \tag{5.45}$$

$$M^* \dot{\upsilon} + N(\upsilon)\upsilon = \begin{bmatrix} \tau_1 \\ 0 \\ \tau_3^* \end{bmatrix} \tag{5.46}$$

$$M^* = \begin{bmatrix} m_{11} & 0 & 0 \\ 0 & m_{22} & m_{23} \\ 0 & m_{23} & m_{33} \end{bmatrix} = (M^*)^{\mathrm{T}} > 0 \tag{5.47}$$

为了分析方便，下面的分析仍然基于数学模型，并把 M 当作对称矩阵进行。

5.5.2 基于 Backstepping 的控制律设计

定义误差信号

$$z_1 = \psi - \psi_d \tag{5.48}$$

$$z_2 = [z_{21}, z_{22}, z_{23}]^{\mathrm{T}} = \upsilon - \alpha \tag{5.49}$$

显然，$z_1 \in R$，$z_2 \in R^3$，ψ_d 及其导数由 LOS 导航系统给出。$\alpha = [\alpha_1, \alpha_2, \alpha_3]^{\mathrm{T}} \in R^3$ 是虚拟镇定函数。令

$$h = [0, 0, 1]^{\mathrm{T}} \tag{5.50}$$

则

$$\dot{z}_1 = r - r_d = h^{\mathrm{T}}\upsilon - r_d = \alpha_3 + h^{\mathrm{T}}z_2 - r_d \tag{5.51}$$

式中，$r_d = \dot{\psi}_d$，而且

$$M\dot{z}_2 = M\dot{\upsilon} - M\dot{\alpha} = \tau - N\upsilon - M\dot{\alpha} \tag{5.52}$$

定义 Lyapunov 函数

$$V = \frac{1}{2}z_1^2 + \frac{1}{2}z_2^{\mathrm{T}}Mz_2, \quad M = M^{\mathrm{T}} > 0 \tag{5.53}$$

对 V 沿着 z_1，z_2 的轨迹求导，得

$$\dot{V} = z_1\dot{z}_1 + z_2^{\mathrm{T}}M\dot{z}_2 = z_1(\alpha_3 + h^{\mathrm{T}}z_2 - r_d) + z_2^{\mathrm{T}}(t - N\upsilon - M\dot{\alpha}) \tag{5.54}$$

选择虚拟控制 α_3 为

$$\alpha_3 = -cz_1 + r_d, \quad c > 0 \tag{5.55}$$

则

$$\begin{aligned}
\dot{V} &= -cz_1^2 + z_1 h^{\mathrm{T}} z_2 + z_2^{\mathrm{T}}(t - Nv - M\dot{\alpha}) \\
&= -cz_1^2 + z_2^{\mathrm{T}}(hz_1 + t - Nv - M\dot{\alpha})
\end{aligned} \tag{5.56}$$

假定

$$\tau = \begin{bmatrix} \tau \\ 0 \\ \tau_3 \end{bmatrix} = M\dot{\alpha} + Nv - Kz_2 - hz_1 \tag{5.57}$$

式中, $K = \mathrm{diag}(k_1, k_2, k_3) > 0$。 则

$$\dot{V} = -cz_1^2 - z_2^{\mathrm{T}} Kz_2 < 0, \quad \forall z_1 \neq 0, z_2 \neq 0 \tag{5.58}$$

由此, 这样可以保证 (z_1, z_2) 有界并且能收敛到零。

从式 (5.57) 可以得到

$$\tau_1 = m_{11}\dot{\alpha}_1 + n_{11}u + k_1(u - \alpha_1)$$

$$\tau_3 = m_{32}\dot{\alpha}_2 + m_{23}\dot{\alpha}_3 + n_{32}v + n_{33}r - k_3(r - \alpha_3) - z_1$$

选取 $\alpha_1 = u_d$, 则可解决纵向动态问题并得到闭环系统为

$$m_{11}(\dot{u} - \dot{u}_d) + k_1(u - u_d) = 0 \tag{5.59}$$

式 (5.57) 中剩余的方程, $\tau_2 = 0$, 成为一个动态约束

$$m_{22}\dot{\alpha}_2 + m_{23}\dot{\alpha}_3 + n_{22}v + n_{33}r - k_2(v - \alpha_2) = 0 \tag{5.60}$$

把 $\dot{\alpha}_3 = c^2 z_1 - cz_{23} + \dot{r}_d$, $v = \alpha_2 + z_{22}$, $r = \alpha_3(z_1, r_d) + z_{23}$ 代入式 (5.60), 得

$$m_{22}\dot{\alpha}_2 = -n_{22}\alpha_2 + r(z_1, z_2, r_d, \dot{r}_d) \tag{5.61}$$

式中,

$$\begin{aligned}
r(z_1, z_2, r_d, \dot{r}_d) &= (n_{23}c - m_{23}c^2)z_1 + (k_2 - n_{22})z_{22} \\
&\quad + (m_{23}c - n_{23})z_{23} - m_{23}\dot{r}_d - n_{23}r_d
\end{aligned}$$

由式 (5.61) 知, 变量 α_2 变为控制器的一个动态变量。此外, 若 $n_{22} > 0$, 则由收敛的误差信号 (z_1, z_2) 和有界的参

考信号 $(r_d, \dot{r}_d)$ 驱动的微分方程式（5.61）是稳定的。由于 $z_{22}(t) \to 0$，容易得到 $t \to \infty$，$|\alpha_2(t) - v(t)| \to 0$。

主要结论总结如下。

针对系统式（5.42）和式（5.43），应用如下的控制律：

$$\tau_1 = m_{11}\dot{u}_d + n_{11}u + k_1(u - \alpha_1)$$

$$\tau_3 = m_{32}\dot{\alpha}_2 + m_{23}\dot{\alpha}_3 + n_{32}v + n_{33}r - k_3(r - \alpha_3) - z_1$$

式中，$k_1 > 0$，$k_3 > 0$，$z_1 = \psi - \psi_d$，$z_2 = [z_{21}, z_{22}, z_{23}]^T = [u - u_d, v - \alpha_2, r - \alpha_3]^T$，且

$$\alpha_3 = -cz_1 + r_d, \quad \dot{\alpha}_3 = -c(r - r_d) + \dot{r}_d$$

则可解决欠驱动船舶在水平面上的三自由度操纵问题。参考信号 u_d，$\dot{u}_d$，ψ_d，r_d 以及 $\dot{r}_d$ 都由 LOS 导航系统提供，α_2 由下式获得：

$$m_{22}\dot{\alpha}_2 = -n_{22}\alpha_2 + (k_2 - n_{22})z_{22} - m_{23}\dot{\alpha}_3 - n_{23}r$$

式中，$k_2 > 0$。

在该控制律下，闭环系统在平衡点 $(z_1, z_2) = (0, 0)$ 处是稳定的，而且 α_2 满足

$$\lim_{t \to \infty} |\alpha_2(t) - v(t)| = 0 \tag{5.62}$$

■ 5.5.3　仿真结果

以文献［166］中船舶模型为例进行航迹控制设计。模型与实船比例为 1:70，模型船长为 1.255 m，质量为 23.8 kg。船舶模型的其他参数经计算为：$m_{11} = 25.8$，$m_{22} = 33.8$，$m_{23} = 1.011\,5$，$m_{32} = 1.011\,5$，$m_{33} = 2.76$，$n_{11} = 2$，$n_{22} = 7$，$n_{23} = 0.1$，$n_{32} = 0.1$，$n_{33} = 0.5$，$c = 0.75$，$k_1 = 25$，$k_2 = 10$，$k_3 = 2.5$，$[x(0)\ y(0)\ \psi(0)] = [0\ 0\ 0]$，$[u(0)\ v(0)\ r(0)] = [0.1\ \text{m/s}\ 0\ \text{m/s}\ 0\ \text{rad/s}]$。

期望的转向点坐标见表 5.1，仿真结果如图 5.12 所示。

表 5.1　期望的转向点坐标

转向点名称	X 坐标	Y 坐标
A	0	0
B	615.4	153.8
C	923	1 538.5
D	−923	2 923.1
E	0	4 307.7
F	−923	4 615.4
G	615.4	6 000
H	0	2 769.2

从图 5.12 可以看出，尽管曲线路径较为复杂，但基于 LOS 导航系统和 Backstepping 控制技术的控制方案，能够跟踪曲线轨迹的变化，具有良好的跟踪性能，控制效果良好。

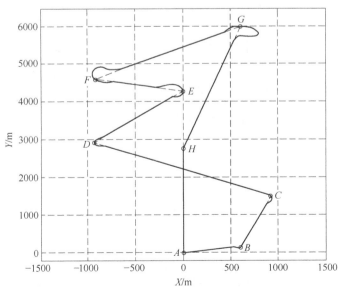

（a）LOS导航和Backstepping控制下的航迹历时曲线图

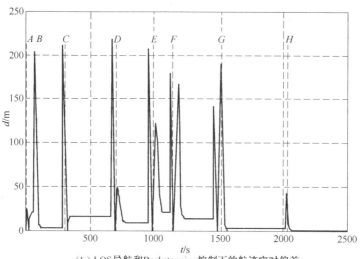

（b）LOS导航和Backstepping控制下的航迹实时偏差

图 5.12　仿真结果

5.6　小　　结

为了解决船舶航迹的欠驱动性和非线性问题，本章提出了自抗扰控制、基于微分同胚变换的 Backstepping 控制、基于 LOS 导航系统的滑模控制和 Backstepping 控制策略。

在自抗扰航迹控制器设计中，针对水面船舶航迹的欠驱动特性，采用两个 TD 安排过渡过程，控制律采用两个被控量的误差组合方式，突破了原有自抗扰算法只适用 SISO 系统的限制，解决了欠驱动控制和内、外扰动问题。

针对二自由度船舶模型，采用微分同胚变换和 Backstepping 技术，选择系统输出变量为航向和横偏位移组合的方式，采用状态反馈设计了舵控制律，解决了系统的欠驱动性和非线性问题。

基于 LOS 导航的船舶航迹控制系统可以在航向控制系统基础上外加位置反馈进行设计。这种控制方案的优点是，把欠驱动船舶航迹控制转变为全驱动系统，从而不受 Brocketts 条件的限制。基于 LOS 导航系统，结合滑模控制设计了直线航迹控制器，结合 Backstepping 控制设计了曲线航迹控制器。

仿真实验证明了上述方案的有效性。

第6章

船舶航向、航迹控制系统实现及实验

本章研究航向、航迹自动舵控制系统的实现，介绍系统的软硬件结构以及系统联调试验的情况和试验结果。

6.1 主要功能及技术指标

根据山东省自然科学基金"船舶航向航迹非线性系统自抗扰控制器的研究"（编号 Y2007G36）和山东省信息产业厅专项课题"中小型船舶自动操舵与监控系统"（编号 2006R01003）的要求，结合某水面船舶自动操舵仪的研制要求和《船用自动操舵仪通用技术条件》（GB/T 5743—1994），提出航向、航迹控制系统的主要功能及技术指标如下。

1）操舵方式：操舵系统有多个操作部位，在主操纵台上应能实现简易操舵、随动、自动航向和自动航迹 4 种工作方式。操纵方式之间的转换，应保证在 3s 内实现。

2）随动操舵方式：使舵机按给定舵角指令转舵的操舵方式。随动操舵方式时，在规定操舵范围内，舵角复示值与给定值之间的差值不应大于 1°。随动操舵灵敏度不低于 1°给定舵角。

3）自动航向方式：船舶在自动航向方式时，应满足在 3 级海况时，船舶航向稳定精度不大于 1°，在 5 级海况时，稳定精度不大于 3°。当船舶偏航超过此要求时，有航向偏差报警显示。船舶在定向航行时，航向灵敏度不大于 0.5°航向。

4）自动航迹方式：以同时设置一次航行全部转向点数据进行，转向点数目不大于 20 个。转向点可增加、删除和修改。5 级海况以下，直线航迹时，航迹偏差小于 0.3 n mile（1 n mile＝1.852 km），转向点航迹偏差小于 0.5 n mile。超过此偏差时，有报警显示。

5）舵限和平均转舵速度：左右舵角限位在±35°，1 台机组不小于 2.3(°)/s，2 台机组不小于 4.7(°)/s。

6）人机界面：系统可通过键盘、开关输入或修改航行参数，并在显示器上显示出各种重要的航行信息。例如，航向、航速、到下一转向点的距离和时间等。

7）报警：系统可对舵机驱动系统、舵角环、航向环、航迹环的故障进行声光报警。

8）电磁兼容：符合美国 FCC：Part 15 ClassB；符合欧洲 CE：EN50081-1，EN50082-1；符合澳大利亚 C-Tick：AS-NZS 3548。

9）防水级别：IP66。

6.2　系统总体结构

航向、航迹控制系统设计的基本思想是：通过设置航向（或航线），与预定航向（或航线）进行比较，计算船舶偏离航向（或航线）的偏差，通过相应控制算法，产生消除偏航距离所需舵角的操舵指令，控制舵机动作，使船舶沿预定航向（或航线）航行。航迹控制系统如图 6.1 和图 6.2 所示。

从控制结构上看，整个系统由 3 个闭环构成：①随动控制闭环；②航向控制闭环；③航迹控制闭环。

从功能上看，整个控制系统由 8 个子系统构成。

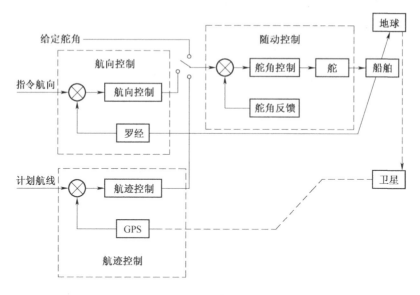

图 6.1　航迹控制直接控制系统

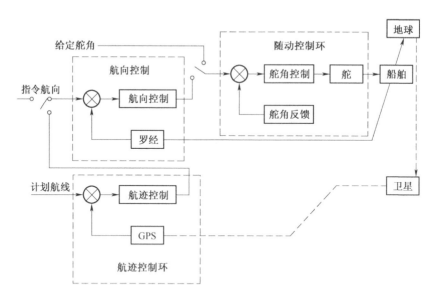

图 6.2　航迹控制间接控制系统

1）参数设置子系统：主要完成随动方式下的指令舵角输入、自动航向下的指令航向输入、自动航迹下的航线设定，以及天气状况等各种相关参数的设置。

2）数据采集子系统：完成对陀螺罗经的航向信号、速率陀螺的速率信号、GPS 接收机的信号、舵角反馈信号等的采集和处理，以及有关开关量信号的采集和处理。

3）航迹控制子系统：根据航迹偏差，按照一定的性能指标和控制算法，给出指令航向或指令舵角，控制船舶沿预定航线航行。

4）航向控制子系统：比较指令航向和实际航向，按照一定的性能指标和控制算法，给出控制信号，控制船舶沿给定航向航行。

5）随动控制子系统：比较指令舵角和实际舵角，输出电磁阀信号，使舵转到指令值。

6）通信子系统：完成本系统与外系统间数据通信功能，可实现 RS232 和 RS485 电平下的同步和异步通信。

7）信息显示子系统：显示实际航行信息，如航向、航迹偏差、转向点等数据。在状态设定时，用于显示状态设定情况和设定的数据值。

8）故障检测及报警子系统：包括控制系统内部报警（如自检未通过、航迹偏差超差等）和系统外部报警（如断相、控制失电、动力失电、主泵过载、辅泵过载等），报警形式为声光报警，并具有检查、消音及重复报警功能。

6.3　系统的硬件实现

综合考虑设计任务和设计指标，确立系统硬件系统的设计原则是：①先进性，系统硬件在结构上和功能上达到国内同类系统中的领先水平，以保证设计的系统在相当长的一个时期内不落后。②可靠性，充分选择稳定可靠的主控单元以及采取多种抗干扰措施，确保系统能在恶劣环境下长期连续、稳定可靠运行。③通用性，使控制系统适应不同的舵机类型。

主要硬件单元介绍如下。

1. 电源模块

采用先进的 DC/DC 模块，将 220 V，50 Hz 交流电整流后变换成 3.3 V，5 V，±12 V 等直流电源。模块内部设有过流、过压、过热保护电路，并且为信号处理模块提供合适电源。

2. 控制单元

采用 DSP2810 实现，其强大的控制和信号处理能力不仅保证了复杂控制算法的实现，而且稳定可靠。

3. 模拟信号处理

系统输入的模拟量包括速率陀螺信号、舵角反馈信号、电罗经航向信号。罗经的航向值是通过自整角机来传送的，因此航向信号的获得必须对自整角机的三相模拟信号进行变换。不同的舵机厂家，给出的舵角信号也有所不同，主要有电位器式及自整角机式两种，同样需设计舵角变换电路，将电位器式或自整角机式两种信号都变为 DSP 能够接收的 3.3 V 电压信号。A/D 转换采用 DSP2810 自带的 10 位 A/D 转换器。

4. 数字信号模块

主要处理 GPS 的数字信号以及能输出符合 TTL 电平规范脉冲信号的计程仪信号。可通过 DSP2810 的串口来解决。

5. 液压舵机伺服阀驱动

目前，大部分船舶均采用液压舵机伺服系统控制舵角变化，进而控制航向变化。一般舵机电液伺服系统由油源、滤器、溢流阀、电液伺服阀和油缸等组成，具体工作原理为：当电液伺服阀收到来自控制系统的放大控制信号时，电液伺服阀的阀芯移动，使输出液压能源进入油缸，使油缸活塞杆产生位移，推动转舵机构，使舵叶转动。为了提高系统的可靠性，液压舵机伺服阀驱动电路采用配套的成型产品。

6. 键盘显示系统

主要用于选择工作模式，输入指令航向和航行计划，选择显示画面。

6.4 系统的软件实现

1. 软件主要设计原则

1) 模块化：将程序划分成若干个模块，每个模块完成一个子功能，把这些模块组合成一个整体，可以完成系统的全部功能。

2) 独立化：模块间尽量采用低耦合，使它们之间的参数传递尽量少。

3) 层次结构：将一个复杂的软件系统分解成逐层结构，每层由一个或若干个模块构成。也称为层次结构模块化方法，要求某一层内各模块间允许构成循环，层次间各模块不允许构成循环，因而把模块间的复杂关系变成各层间的单向依赖关系。

2. 软件结构

系统软件主要由主控制模块、人机交互模块和通信模块以及初始化模块组成，如图 6.3 所示。

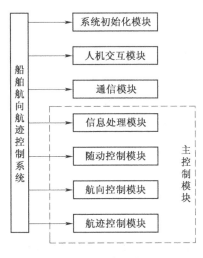

图 6.3 系统软件结构框图

1) 系统初始化模块：在系统上电时或复位后，完成对系统的自检和软硬件初始化工作。

2) 人机交互模块：实现键盘管理，存储操作人员输入的航线数据和每个航线上的所有转向点信息，将数据上传到主控制模块。接收主控制模块发送的实时船位信息（经度、纬度、航向、舵角等）。

3）通信模块：主要查看各个智能设备是否正常工作，通过 GPS（经度、纬度、速度和时间）、罗经（航向）、气象仪（风向、风速、温度和湿度）、计程仪（航速和航行距离）、组合导航仪（经度和纬度）、船舶黑匣子 VDR（记录船舶数据，以备事故后查看数据），获取实时的船位信息，并且将数据打包好，等待发送到主控制模块。

4）信息处理模块：负责从输入接口中读取输入信号，并处理成 DSP 可接受的数据形式，同时把输出信息送到输出接口。

5）随动控制模块：完成随动操纵方式下的控制计算，根据随动给定舵角与实际反馈舵角的差，输出控制信号。

6）航向控制模块：完成定向操纵，比较指令航向和实际航向，采用航向控制算法计算控制信号，使船舶沿指令航向航行。

7）航迹控制模块：完成航迹控制时的各种计算，采用航迹间接控制器进行航迹控制。

3. 系统工作流程

1）输入导航信息：实时船位、速度、时标等。

2）采样船舶实时航行参数：实际航向、实际舵角等。

3）采样船舶设定参数：给定舵角、指令航向、航行计划、工作方式等。

4）若为随动控制，则执行随动控制算法，得到控制输出。

5）若为航向控制，则执行航向控制算法，得到控制输出。

6）若为航迹控制，则执行航迹控制算法，得到控制输出。

7）输出控制信号和报警信息，向 LCD 发送显示信息。

8）等待下一个工作循环。

系统工作流程如图 6.4 所示。

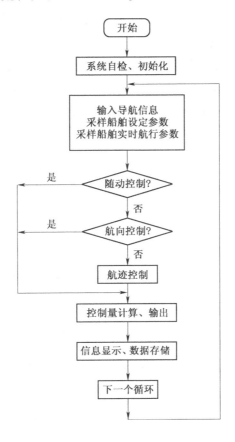

图 6.4　系统工作流程

6.5　系统联调实验

　　开发船舶航向航迹控制系统需要进行大量的实验。由于实船实验花费很高且风险很大，因此，大量实验是在实验室进行的，等到实验室实验验证完成后才能进行海试。

　　实验室实验有物理仿真、半物理仿真和纯数学仿真 3 种方法。物理仿真是在实验室建立水池和船舶模型等进行实验，实验成本较高。纯数学仿真就是采用软件编程方法模拟操舵过程和船舶运动状态，如第4章和第5章的仿真就是数学仿真。数学仿真法成本低，但无法检测传感器和伺服系统的性能。半物理仿真介于上述两种方法之间，这种仿真也有多种方法。

本系统开发联调实验处于半物理仿真阶段，如图6.5所示。其中，控制系统、舵机、舵角反馈机构、电罗经都是真实的物理设备，虚线框内的设备为仿真装置。图6.6所示为实验用舵机。

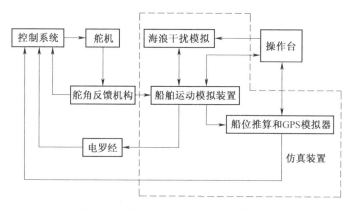

图6.5　系统半物理仿真实验总体框图

图6.6　实验用舵机

各仿真装置的功能如下。

1. 船舶运动模拟装置

船舶运动模拟装置能够模拟船舶的姿态变化，主要是航向变化的转台装置。该装置上安置着电罗经和其他传感器，采样舵角的反馈信号，解算船舶运动数学模型，得到在实际舵角和海浪干扰作用下的船舶运动参数。

2. 船位推算和 GPS 模拟器

根据船舶的航行参数对船舶的实时船位进行推算，并模拟GPS 信号形式送给控制系统。

3. 海浪干扰模拟

根据操作台设置的海况等级和海浪方向，计算船舶航行过程中所受到的海风、海浪干扰力，送到船舶运动模拟装置参与船舶运动参数的计算。

4. 操作台

操作台为人机交互装置，用来设置船舶的初始航向、航行速度、航迹设置、海况等级及海浪方向等信息。人机交互装置界面如图 6.7 所示。

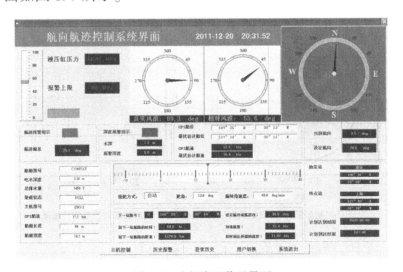

图 6.7　人机交互装置界面

6.6　结　果　分　析

采用以上实验设备，模拟不同的外部环境，对船舶的航向、航迹控制系统进行实验，考核自抗扰航向控制器、自适应模糊滑模航迹控制器的性能。

6.6.1 航向控制实验

1. 航向控制实验结果

自抗扰航向控制实验结果如图 6.8 所示。

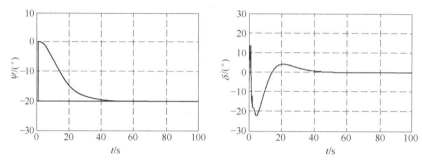

（a）初始航向 0°，设定航向 −20°，无外部干扰时的航向控制实验结果

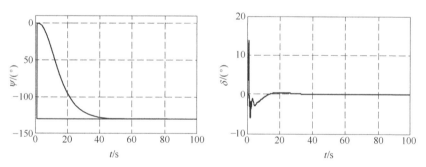

（b）初始航向 0°，设定航向 −130°，无外部干扰时的航向控制实验结果

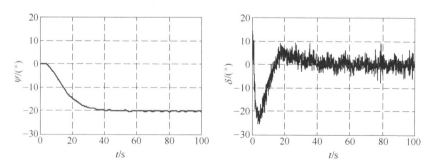

（c）初始航向 0°，设定航向 −20°，外部干扰相当于 5 级海况时的航向控制实验结果

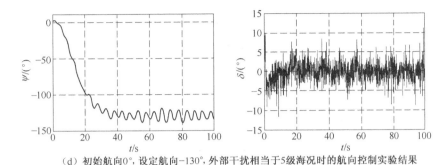

（d）初始航向0°，设定航向-130°，外部干扰相当于5级海况时的航向控制实验结果

图 6.8　自抗扰航向控制实验结果

2. 航向控制实验结果分析

1）船舶航向是可控制、可操纵的。

2）无干扰时，无论是小角度还是大角度航向修正，航向都无振荡。

3）有干扰时，航向有振荡，小舵角振荡较小，大舵角振荡明显，但最终能够跟踪期望航向。

6.6.2　航迹控制实验

1. 航迹控制实验结果

设置转向点：

$P_0 = (0, 0)$ m，$P_1 = (1000, 0)$ m，$P_2 = (1000, 2000)$ m，$P_3 = (3000, 2500)$ m，$P_4 = (4000, 2000)$ m，$P_5 = (4000, 0)$ m，$P_6 = (2000, -1000)$ m。

船舶初始状态：

$(x_0, y_0, \psi_0) = (0$ m，0 m，0 m$)$，$(u_0, v_0, r_0) = (0.41$ m/s，0 m/s，0 rad/s$)$ 采用 LOS 的 Backstepping 控制。实验结果如图 6.9 所示。

2. 航迹控制结果分析

从图 6.9 可以看出，在转向点设置比较复杂的情况下，由于机械延迟和测量噪声的存在，使航迹跟踪有一定的误差，但基于 LOS 的 Backstepping 航迹控制器依然能够控制船舶跟踪曲线航迹。实验证明了该控制策略的有效性。

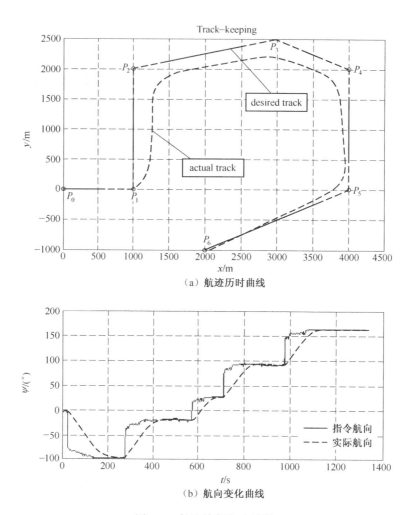

（a）航迹历时曲线

（b）航向变化曲线

图 6.9　航迹控制实验结果

6.7　小　　结

　　本章主要研究了航向、航迹自动舵控制系统的实现，介绍了系统的软硬件结构以及半物理仿真下系统联调实验的情况和实验结果。

第 7 章

总结和展望

7.1 主要研究内容

本书结合山东省自然科学基金"船舶航向航迹非线性系统自抗扰控制器的研究"（编号 Y2007G36）和山东省信息产业厅专项课题"中小型船舶自动操舵与监控系统"（编号 2006R01003），针对欠驱动水面船舶的航向、航迹控制进行了研究。

主要内容如下。

1）本书根据研究问题的需要，建立了水面船舶运动数学模型，包括船舶水平面三自由度运动模型、响应型运动数学模型和海况干扰模型等，为研究评估控制系统的控制性能提供了仿真平台。

2）针对船舶航向控制中的不确定性和恶劣的海况干扰，采用了自抗扰控制技术设计船舶航向控制器。在设计扩张状态观测器（ESO）时，对传统的 ESO 进行了改造，使之能够真实地估计出未知扰动并消除测量噪声的影响。采取遗传算法整定自抗扰参数，克服了凑试法调试的不足。仿真结果证明，自抗扰控制技术对外部扰动和内部参数摄动具有很强的鲁棒性，能够很好地解决系统不确定性和海况干扰问题。

3）研究了自适应模糊滑模控制在船舶航向控制中的应用。通过模糊逻辑系统逼近不确定性函数，解决了模型不确定性问题；通过内嵌 PI 控制律代替滑模控制中的切换项，将切换项连续化，解决了滑模抖振问题。此外，为保证控制输入有界，对自适应算法进行了改进。仿真结果证明，自适应模糊滑模控制（AFSMC）具有很强的鲁棒性。

4）综合非线性观测器（NDO）、滑模 Backstepping 控制技术应用到船舶航向控制。利用非线性干扰观测器观测系统的不确定性和随机海浪干扰，并采用滑模 Backstepping 法设计航向控制器，不仅保证了闭环系统的稳定性，同时很好地克服了系统不确定性问题和外界干扰。

5）采用自抗扰控制技术设计了船舶直线航迹控制器。针对水面船舶航迹控制中的欠驱动特性，采用两个 TD 安排过渡过程，控制律采用两个被控量的误差组合方式，突破了原有自抗扰算法只适用 SISO 系统的限制，解决了欠驱动控制问题。在同一条件下和相关文献介绍的算法做了对比仿真，证实了自抗扰控制的强鲁棒性特点。

6）基于二自由度船舶模型，采用输出重定义法和 Backstepping 技术，选择系统输出变量为航向和横偏位移组合的方式，采用状态反馈设计了舵控制律，同样解决了系统的欠驱动性和非线性问题。仿真实验验证了该算法的有效性。

7）LOS 导航，是一种简单有效的导航方法。基于 LOS 导航的船舶航迹控制系统可以在航向控制系统基础上外加位置反馈进行设计，将航迹控制分解成制导环与航向控制环，制导环给出指令航向，航向控制环实现航向控制，从而完成航迹控制。这种控制方案的优点是，把欠驱动船舶航迹控制转变为全驱动系统，从而不受 Brocketts 条件的限制。本书综合 LOS 导航系统和滑模控制技术以及 Backstepping 技术，应用到船舶直线航迹和曲线控制，解决了系统欠驱动问题和非线性问题。仿真结果证明了该算法的有效性。

7.2　主要创新点

1）将自抗扰控制技术应用到欠驱动水面船舶航向控制和航迹控制中。

在航向控制器设计中，通过改造扩张状态观测器，使之能够真实地估计出未知扰动并消除测量噪声的影响。采取遗传算法整定自抗扰参数，克服了凑试法调试的不足。

在航迹控制中，针对水面船舶航迹控制系统的欠驱动特性，采用两个 TD 安排过渡过程，控制律采用两个被控量的误差组合方式，突破了原有自抗扰算法只适用 SISO 系统的限制，解决了欠驱动控制问题。

2）研究了自适应模糊滑模控制在船舶航向控制中的应用。

通过模糊逻辑系统逼近航向系统的不确定性函数，解决了模型不确定性问题；将滑模控制和自适应技术相结合设计了航向控制器，为保证控制输入有界，对自适应算法进行了改进；通过内嵌 PI 控制律代替滑模控制中的切换项，将切换项连续化，解决了滑模控制引起的抖振问题；借助 Lyapunov 函数证明了船舶运动系统中的信号都一致有界，并利用 Barbalat 引理证明了跟踪误差渐进收敛到零。仿真结果证明，自适应模糊滑模控制（AFSMC）具有很强的鲁棒性。

3）研究了 Backstepping 控制技术在船舶航向和航迹中的应用。

在航向控制中，采用非线性干扰观测器（NDO）观测船舶动态系统的不确定性和随机海浪干扰，结合滑模控制技术设计了航向控制器，不仅保证了闭环系统的稳定性，同时很好地克服了系统不确定性问题和外界干扰。

在航迹控制中，基于二自由度船舶模型，结合微分同胚变换，选择系统输出变量为航向和横偏位移组合的方式，采用状态反馈设计了舵控制律和直线航迹控制器，解决了系统的欠驱动性和非线性问题。

7.3 应该进一步研究的问题

本书对于欠驱动水面船舶的航向、航迹控制中存在的问题有了进一步的了解和认识，但还有如下内容需要深入研究。

1）进一步研究自抗扰控制技术在曲线航迹控制中的应用，寻求解决水面船舶二输入-三输出欠驱动情况下的曲线航迹控制问题。

2）深入理解复杂建模参数非线性本质，研究强鲁棒控制器。深入研究扰动观测器，把其推广应用于航迹控制中。由于状态反馈需要已知所有状态，为了更准确地控制，需要研究基于状态观测器的欠驱动船舶航迹控制，并研究存在海况干扰下的鲁棒性问题。

3）研究船舶六自由度的控制问题以及船舶动力定位的控制问题。

4）借鉴航天器、机器人领域的欠驱动算法用于船舶的航迹控制中。

5）由于实验条件的限制，本书的实验工作很不完善，需要在后续的研究中，开展实船验证。

参 考 文 献

［1］ 张显库，贾欣乐．船舶运动控制［M］．北京：国防工业出版社，2006.

［2］ 杨盐生．船舶运动控制研究［J］．交通运输工程学报，2003，3（2）：34-39.

［3］ Fossen T. I. A survey on nonlinear ship control：From theory to practice［C］．Proceedings of the 5th IFAC Conference on Manoeuvring and Control of Marine Craft. Aalborg，Denmark，2000：1-16.

［4］ Fossen T. I. Guidance and control of ocean vehicles［M］．England：John Wiley & Sons LTD. ，1994.

［5］ Skjetnea R，Fossen T I，Kokotovi P V. Adaptive maneu-vering，with experiments，for a model ship in a marine control labo-ratory［J］．Automatica，2005，41（2）：289-298.

［6］ Fang M C，Luo J H. On the track keeping and roll reduction of the ship in random waves using different sliding mode controllers［J］．Ocean Engineering，2007，34（3/4）：479 - 488.

［7］ Hu S S，Yang P H，JUANG J Y，et al. Robust nonlinear ship course-keeping control by H-inf I/O linearization and synthesis［J］．International Journal of Robust and Nonlinear Control，2002，13（1）：55-70.

［8］ 鲍其莲，张炎华．智能自适应控制及其在船舶操纵系统中的应用［J］．船舶工程，1998，20（2）：44-48.

［9］ 李铁山，杨盐生，洪碧光，等．船舶航迹控制鲁棒自适应模糊设计［J］．控制理论与应用，2007，24（3）：445-448.

［10］ 杨盐生．船舶减摇鳍系统变结构模糊自适应鲁棒控制［J］．大连海事大学学报，2001，27（4）：5-10.

［11］ Lefeber E，Petersen K Y，Nijmeijer H. Tracking control of an Under-actuated Ship［J］．IEEE Transantions on Control Systems Technology，2003，11（1）：52-61.

［12］ Mahmut Reyhanoglu，Arjan vander schaft. Dynamics and Control of a class of underaetuated Mechnical Systems［J］．IEEE Transactionsons on Automatic Control. 1999, 44 (9)：1663-1671.

［13］郭晨，汪洋，孙富春，等．欠驱动水面船舶运动控制研究综述
［J］．控制与决策，2009，24（3）：321-329.

［14］杜佳璐，郭晨，杨承恩．船舶航向非线性系统的自适应跟踪控制
器设计［J］．应用科学学报，2006，24（1）：83-88.

［15］Kallstrom C. G．，Astrom，K．J．．Adaptive autopilots for tanker［J］.
Automatica，1979，15（3）：241-254.

［16］Amerongen，J. V．，Udink Cate，A. L．，Model reference adaptive
autopilots for ships［J］. Automatica，1975，11（5）：441-450.

［17］Amerongen，J. V．，Adaptive steering of ships-a model reference ap-
proach to improved maneuvering and economical course-keeping［D］.
USA：Delft University of Technology，1982.

［18］Amerongen，J. V．，Adaptive steering of ships-a model reference ap-
proach［J］. Automatica，1984，20（1）：3-14.

［19］Kallstrom，C. G．，Norrbin，N. H．，Performance criteria for optimum
steering of ships［C］. Proc. Sympp on Ship Steering Automatic Con-
trol，Genova，Italy，1980.

［20］Ohtsu，K. M．，A new ship's autopilots design through a stochastic
model［J］. Automatica，1979，15（2）：255-268.

［21］张炎华，刘思行．一种自适应自动操舵系统［J］．中国造船，
1991（2）：72-78.

［22］张炎华，刘思行，鲍其莲．船舶操舵系统的鲁棒自适应控制［J］.
船舶工程，1995（4）：40-44.

［23］黄继起．自适应控制理论及其在船舶系统中的应用［M］．北京：
国防工业出版社，1992.

［24］Slotine，J. J. E．，Li，W. P．，Applied nonlinear control［M］.
Prentice-Hall，Inc. 1991.

［25］冯纯伯，罗宁苏，李晓明．自适应控制系统的鲁棒性［J］．自动
化学报，1987，13（6）：463-472.

［26］Tzeng C. Y. Goodwub G. C，Criafulli S，Feedback linearization of a
ship steering autopilot with saturating and slew rate limiting actuator
［J］Int. J. of Adaptive Control Signal Processing，1999，13：
23-30.

［27］ Rueda T. M. R, Velasco F. J. G., Moyano E. P., Robust QFT contro-
ller for marine course-changing control, 5th Int ［C］. Symposium on
Quantitative Feedback Theory and Robust Frequency Domain Methods,
Public University of Navare, Pamplona, Spain, 2001.

［28］ 胡耀华, 贾欣乐. 广义预测控制应用于船舶航向和航迹保持［J］.
中国造船, 1998 (1): 36-41.

［29］ 胡耀华, 贾欣乐, 船舶运动的预测控制［J］. 大连海事大学学报,
1998, 24 (1): 5-9.

［30］ Katebi M R. LQR adaptive ship autopilot. Trans inst MC, 1988, 10
(4): 187-197.

［31］ 彭秀艳, 赵希人. 船舶横向运动 LQG 控制鲁棒性统计分析［J］.
系统仿真学报, 2007, 19 (1): 3-5.

［32］ 贾欣乐, 张显库. H_∞ 控制器应用于船舶自动舵［J］. 控制与决
策, 1995, 10 (3): 250-254.

［33］ Shr Shiung Hu, Pao Hwa Yang, Juang J. Y. Robust nonlinear ship
course-keeping control by h-inf I/O lineariazation and μ-synthesis
［J］. International Journal of Robust and Nonlinear Control, 2003, 13
(1): 55-70.

［34］ Yang C., Austin P. C., Xiao C. M., An H-inf controller with feed-
forward for yacht course-keeping ［C］. in Proc. of the IFAC Conf.
CAMS 2001, Glasgow, Scotland, UK, 2001.

［35］ Wu J. C., Agraval A. K., Yang J. N., Application of Sliding Mode
Control to a Benchmark Problem ［C］. in Proc. of the ASCE
Structures Congress, Portland, 1997.

［36］ Healey, A. J., Lienard, D., Multivariable sliding mode control for
autonomous diving and steering of unamanned underwater vehicles
［J］. IEEE Journal of Oceanic Engineering, 1993, 18 (3): 327-339.

［37］ 宋立忠, 李红江, 陈少昌. 滑模预测离散变结构控制用于船-舵
伺服系统［J］. 中国电机工程学报. 2003, 23 (11): 160-163.

［38］ Jialu Du, Chen Guo. Nonlinear Adaptive ship course tracking control
based on Backstepping and nussbaum gain ［C］. IEEE Proceeding of
control conference 2004 Bostion, America, IEEE press, 2004: 6-7.

［39］ Witkowska A., Tomera M, A Backstepping approach to ship Course controller〔J〕. Applied Mathematics and Computer Science, 2007: 73-85.

〔40〕 Unar M. A., Murray-smith D. J., Automatic steering of ships using neral networks〔J〕. Int. J. of Adaptive control signal processing, 1999, 13: 203-218.

〔41〕 Burns R, Richter R. A Neural Network Approach To the control of surface ships〔J〕. control Eng. Practice, 1996, 4 (3): 411-416.

〔42〕 袁雷, 吴汉松, 陈楠. 船舶航向保持的滑模变结构自适应模糊控制研究〔J〕. 西华大学学报 (自然科学版) 2010, 29 (4): 1-4.

〔43〕 聂海强, 王锡怀, 肖健梅. 自适应模糊控制在船舶航向控制中的应用〔J〕. 中南大学学报 (自然科学版), 2011, 42 (S1): 985-990.

〔44〕 高健, 陈高阳. 船舶航向模糊滑模控制及仿真〔J〕. 江苏科技大学学报 (自然科学版), 2010, 24 (4): 372-376.

〔45〕 Zirilli A., Roberts G. N., Tiano, A, & Sutton, R. An adaptive fuzzy autopilot for a container ship〔C〕. Proceedings of the Fifth IFAC Conference on Manoeuvring and Control of Marine Craft. Aalborg, Denmark, 2000: 317-323.

〔46〕 Velagic J., Vukic Z., Adaptive Fuzzy Ship Autopilot for Track-Keeping〔J〕. Control Engineering Practice, 2003, 11 (4): 433-444.

〔47〕 Rui C L, McClamroch N H, Stabilization and asymptotic path tracking of a rolling disk〔C〕. Proceedings of the 34th IEEE Conference on Decision and Control, Louisiana, USA, 1995: 4294-4299.

〔48〕 Altafini C, Gutman P O. Path following with reduced off-tracking for then-trailer system〔C〕. In Proc. 37th Conf. Decision and Control, Tampa, FL, Dec. 1998: 3123-3128.

〔49〕 Tan J D, Xi N, Kang W. Non-time based tracking controller for mobile robots〔C〕. 1999 IEEE Canadian Conference on Electrical and Computer Engineering, Edmonton, Alberta, 1999: 919-924.

〔50〕 Jiang Z P. Global tracking control of underactuated ships by Lyapunovs direct method〔J〕. Automatic, 2003, 38 (2): 301-309

〔51〕 Godhavn, J. Nonlinear tracking of underactuated surface vessels〔C〕.

Proc 35th Confrence on Decision and Control. Kobe, 1996: 975-980.

[52] GregoryJ Toussaint , Tamer Basar , Francesco Bullo. Tracking for nonlinear underactuated surface vessels with generalized forces [C]. Proc IEEE Conf on Control Applications. Anchorage, 2000: 355-360.

[53] Do KD, Jiang Z P, Pan J. Robust global output feedback stabilization of underactuated ships on a linear course [C]. Proc 41th IEEE Conf on Decision and Control. Las Vegas, 2002: 1687-1692.

[54] Do KD, PanJ. Underactuated ship global tracking without measurement of velocities [C]. Proc ACC. Denver, 2003: 2012-2017.

[55] Pettersen K D, Nijmeijer H. Global practical stabilization and tracking for an underactuated ship: A combined averaging and Backstepping approach [C]. Proc IFAC Conf on System Structure and Control. Nantes, 1998: 59-64.

[56] Pettersen KY, Lefeber E. Way2point tracking control of ships [C]. Proc 40th IEEE Conf on Decision and Control. Orlando, 2001: 940-945.

[57] Erjen Lefeber , Kristin Ytterstad Pettersen, Henk Nijmeijer. Tracking control of an underactuated ship [J]. IEEE Trans on Control Systems Technology, 2003, 11 (1): 52-61.

[58] Wenjie Dong, Yi Guo. Global time-varying stabilization of underactuated surface vessel [J]. IEEE Transon Automatic Control, 2005, 50 (6): 859-864.

[59] Godhavn, J.M. , Fossen, T.I. , Berge, S. Nonlinear and adaptive Backstepping designs for tracking control of ships [C]. International Journal of Adaptive Control and Signal Processing, 1998, 12 (8): 649-670.

[60] Do K D, Jiang Z P, Pan J. Global partial-state feedback and output-feedback tracking controllers for underactuated ships [J]. Systems & Control Letters, 2005, 54 (10): 1015 -1036.

[61] Husa, K.E. , Fossen T. I. Backstepping Designs for Nonlinea Way-Point Tracking of Ships [C]. Proc. Of the 4th IFAC Conference on Manoeuvering and Control of Marine Craft, Brijuni, Croatia, 1997.

[62] Fossen T. I. Nonlinear passive control and observer design for ships

［J］. Modeling, Identification and control, 2000, 21（3）: 129-184.

［63］李铁山，杨盐生. 基于耗散理论的不完全驱动船舶直线航迹控制设计［J］. 应用科学学报，2005，23（2）：204-207.

［64］Jiang, Z P, Global Tracking Control of Underactuated Ships by Lyapunov's Direct method［J］. Automatica, 2002, 38, 301-309.

［65］Lefeber, E., Pettersen, K. Y., Nijmeijer, H. Tracking control of an under-actuated ship［J］. IEEE Transactions on Control Systems Technology, 2003, 11: 52-61.

［66］Hashem Ashrafiuon, Kenneth R. Muske Sliding Mode Tracking Control of Surface Vessels［C］. American Control Conference Westin Seattle Hotel, Seattle, Washington, USA, 2008: 556-561.

［67］Zhang, R., Chen, Y., Sun, Z., Sun, F., Xu, H., 2000. Path control of a surface ship in restricted waters using sliding mode［J］. IEEE Transactions on Control Systems Technology, 2000, 8（4）: 722-732.

［68］卜仁祥，刘正江，胡江强，基于动态非线性滑动模态的欠驱动船舶直线航迹控制［J］. 清华大学学报（自然科学版），2007，47（S2）：1880-1883.

［69］Witt N A. A neural network autopilot for ship control. Proe of Maritime Communications and Control Conference［C］. Marine Management（Holdings）Ltd, London, UK, 1993: 13-19.

［70］Yao Zhang, Pratyush Sen., Grant E. Hearn, A Neural Network Approach to Ship Track-Keeping Control［J］. IEEE Journal of Oceanic Engineering. 1996, 21（4）: 513-527.

［71］Yao Zhang, Grant E. Hearn, et al. An online trained adaptive neural controller［J］. IEEE Control System Magazine, 1995, 15（5）: 67-75.

［72］Parson M G, Clubb A C. An assessment of fuzzy logic vessel path control［J］. IEEE Journal of Oceanic Engineering, 1995, 20（4）: 276-284.

［73］李铁山，杨盐生，洪碧光，等. 船舶航迹控制鲁棒自适应模糊设计［J］. 控制理论与应用，2007，24（3）：445- 448.

［74］ Do K D, Practical control of underactuated ships ［J］. Ocean Engineering, 2010, 37 (13): 1111-1119.

［75］ Fossen, T. I., Breivik, M., Skjetne, R. Line-Of-Sight Path Following of Underactuated Marine Craft ［C］. Proceedings of the Sixth IFAC Conference on Maneuvering and Control of Marine Crafts (MCMC' 2003), Girona, Spain, 2003: 244-249.

［76］ Do K D, Jiang Z P, Pan J. Robust adaptive path following of underactuated ships ［J］. Automatica, 2004, 40 (6): 929-944.

［77］ 申铁龙. 机器人鲁棒控制基础 ［M］. 北京: 清华大学出版社, 2000.

［78］ Slotine J J, Sastry S S. Tracking control of nonlinear system using sliding surfaces with application to robot manipulator ［J］. International Journal of Control, 1983, 38 (2): 465-492.

［79］ 高为炳. 变结构控制的理论及设计方法 ［M］. 北京: 科学出版社, 1996.

［80］ Yanada H, Ohnishi H. Frequency-shaped sliding mode control of an electrohydraulic servomoto ［J］. Journal of systems and Control and dynamics, 1999, 213 (1): 441-448.

［81］ Bartolini G, Ferrara A, Usani E. Chattering avoidance by second-order sliding mode control ［J］. IEEE Transactions on Automatic Control, 1998, 43 (2): 241-246

［82］ Bartolini G, Ferrara A, Usani E, et al. On multi-input chattering-free second-order sliding mode control ［J］. IEEE Transactions on Automatic Control, 2000: 1711-1717.

［83］ Bartolini G, Pisano A, Punta E, et al. A survey of application of second-order robust to mechanical system ［J］. International Journal of control, 2003, 76 (9): 875-892.

［84］ Bartolini G, Punta E, Chattering elimination with second-order sliding mode control to coulomb friction ［J］. Journal of Dynamic Systems, Measurement, and Control, 2000, 122: 679-686.

［85］ 张天平, 冯纯伯. 基于模糊逻辑的连续滑模控制 ［J］. 控制与决策, 1995, 10 (6): 503-507.

［86］ Morioka H, Wada K, Sabanovic A, et al. Neural network based chattering free sliding mode control ［C］. Proceeding of the 34th SICE Annual Conference, 1995: 1303-1308.

［87］ Lin F J, Shen P H, Hsu S P. Adaptive Backstepping sliding mode control for linear induction motor drive ［C］. IEEE Proceeding Electrical Power Application, 2002, 149 (3): 184-194.

［88］ 孙宜标, 郭庆鼎, 孙艳娜. 基于模糊自学习的交流直线伺服系统滑模变结构控制 ［J］. 电工技术学报, 2001, 16 (1): 52-56.

［89］ Eun Y, Kim J H, Kim K, et al. Discrete-time variable structure controller with a decoupled disturbance compensator and its application to a CNC servomechanism ［J］. IEEE Transactions on Control Systems Technology, 1999, 7 (4): 414-422.

［90］ Hassan K. Khalil nonlinear systems (Third Edition) ［M］. Ptentice Hall, 2002.

［91］ Jean-Jacques E., Slotine Weiping Li. 应用非线性控制 ［M］. 程代展, 等译. 北京: 机械工业出版社, 2009.

［92］ 焦晓红, 关新平. 非线性系统分析与设计 ［M］. 北京: 电子工业出版社, 2008.

［93］ 贺昱曜, 闫茂德. 非线性控制理论及应用 ［M］. 西安: 西安电子科技大学出版社, 2007.

［94］ Mamdani E. M., Applications of Fuzzy Algorithms for Simple Dynamic Plants ［J］. Proc. IEEE, 1974, 21 (12): 1585-1588.

［95］ Wang L X. Fuzzy systems are universal approximators ［C］. Preceeding of IEEE Conference on Fuzzy Systems, San diego, 1982: 1163-1170.

［96］ 韩京清, 王伟. 非线性跟踪微分器 ［J］. 系统科学与数学, 1994, 14 (2): 177-183.

［97］ 韩京清. 一类不确定对象的扩张状态观测器 ［J］. 控制与决策, 1995, 10 (1): 85-88.

［98］ 韩京清. 非线性状态误差反馈控制律-NLSEF ［J］. 控制与决策, 1995, 10 (3): 221-225.

［99］ 黄焕袍, 武利强, 高峰, 等. 火电单元机组协调系统的自抗扰控制方案研究 ［J］. 中国电机工程学报, 2004, 24 (10): 168-173.

［100］ 夏元清, 黄一, 许可康, 等. 大射电望远镜 FAST 馈源舱位姿控

制 [J]. 控制与决策, 2004, 21 (5)：195-198.

[101] 韩京清, 金奎焕. 自抗扰控制算法在聚丙烯反应釜过程控制中的应用 [J]. 计算机技术与自动化, 2003, 22 (2)：43-45.

[102] 杨福广, 李贻斌, 阮久宏, 等. 独立电驱动车辆车轮驱动防滑自抗扰控制 [J]. 电机与控制学报, 2009, 13 (5)：37-42.

[103] 武利强, 韩京清. 直线型倒立摆的自抗扰控制设计方案 [J]. 控制理论与应用, 2004, 21 (5)：654-659.

[104] 杨福广, 李贻斌, 阮久宏, 等. 无刷直流电机速度伺服系统的自抗扰控制及其仿真 [C]. 2009 Chinese Control and Decision Conference, 2009：964-968.

[105] Jiuhong Ruan, Yibin Li. ADRC based ship course controller design and simulations [C]. 2007 IEEE International Conference on Automation and Logistics, Jinan, China, 2007：2731-2735.

[106] Jiuhong Ruan, Zuowei Li, Fengyu Zhou, et al. ADRC based ship tracking controller design and simulations [C]. Proceeding of the IEEE International Conference on Automation and Logistics Qingdao, China, 2008：1763-1768.

[107] Isidori A. Nonlinear control systems [M]. 3rd ed. London：Springer-Verlag, 1995.

[108] 闵颖颖, 刘允刚. Barbalat 引理及其在系统稳定性分析中的应用 [J]. 山东大学学报 (工学版), 2007, 37 (1)：1-6.

[109] 姚琼荟, 黄继起, 吴汉松. 变结构控制系统 [M]. 重庆：重庆大学出版社, 1997.

[110] 胡跃明. 非线性控制系统理论与应用 [M]. 北京：国防工业出版社, 2005.

[111] 刘金琨. 滑模变结构控制 Matlab 仿真 [M]. 北京：清华大学出版社, 2005

[112] Ha Q P, Nguyen Q H, Rye D C, et al. Fuzzy Sliding Mode Controllers with Application [J]. IEEE Transactions on Industrial Electronics, 2001, 48 (1)：38-41.

[113] Huang S J, Huang K S, Chiou K C. Development and Application of A Novel Radial Basis Function Sliding Mode controller [J]. Mechatronics, 2001, 13：313-329.

[114] 达飞鹏，宋文忠．基于输入输出模型的模糊神经网络滑模控制 [J]．自动化学报，2000，26（1）：136-139.

[115] Lin F J, Chou W D. An Induction Motor Servo Drive Using Sliding Mode Controller with Genetic Algorithm [J]. Electric Power Systems Research, 2003, 64 (2): 93-108.

[116] Zhang C F, Wang Y N, He J, et al, GA－NN－Integrated Sliding Mode Control System and Its Application in The Printing Press [J]. Control Theory Applications, 2003, 20 (2): 217-222.

[117] Wiktor BOLRK, Jerzy SASIADEK. Singularity of Backstepping Control for Nonlinear Systems [C]. Proceedings of the American Control Conference Anchorage, AK May 8 － 10, 2002: 2689-2694.

[118] 张春明，林飞，宋文超．异步电机鲁棒控制器及其 Backstepping 设计 [J]．控制与决策，2004，19（3）：267-272.

[119] 韩京清．从 PID 技术到自抗扰技术 [J]．控制工程，2002，9（3）：13-19.

[120] 韩京清．自抗扰控制技术 [M]．北京：国防工业出版社，2008.

[121] 马幼捷，刘增高，周雪松，等．自抗扰控制器的原理解析 [J]．天津理工大学学报，2008，24（4）：27-30.

[122] 贾欣乐，杨盐生．船舶运动数学模型——机理建模与辨识建模 [M]．大连：大连海事大学出版社，1999.

[123] 刘杨．欠驱动水面船舶的非线性自适应控制研究 [D]．大连：大连海事大学，2010.

[124] 程金．水面船舶的非线性控制研究 [D]．北京：中国科学院自动化研究所，2007.

[125] 张松涛．模糊多模型船舶运动控制系统的研究 [D]．大连：大连海事大学，2006.

[126] 李高云．大型船舶航向/航迹智能容错控制研究 [D]．哈尔滨：哈尔滨工程大学，2010.

[127] Nassim Khaled. Robust Observers And Controllers For Marine Surface Vessels Undergoing Maneuvering And Course－Keeping Tasks [D]. America：Wayne State University, 2010.

[128] Kijima K, Katsuno T, Nakiri Y, et al. On the maneuvering Perform-

ance of a ship with the parameter of loading condition［J］. Journal of Soeiety of Naval Architects of Japan, 1990（168）.

［129］范尚雍. 船舶操纵性［M］. 北京：国防工业出版社，1988.

［130］Norrbin N H. Theory and observation on the use of amathematical model for ship manoeuvering in deep and confined waters［C］. Proe. of the eighth symposium on Naval Hydrodynamies. Goteborg, Sweden, 1970.

［131］Clarke D, Gedling P, Hine G. The app lieation of maneuvering criteria in hull design using linear theory［J］. Transactions of Royal Institute of Naval Architect, 1983, 125：45-8.

［132］杨承恩，贾欣乐，毕英君. 船舶舵阻横摇及其鲁棒控制［M］. 大连：大连海事大学出版社，2011.

［133］胡江强. 基于克隆选择优化的船舶航向自适应控制［D］. 大连：大连海事大学，2008.

［134］周风余，王伟，单金明. 基于 ADRC 的船舶航向控制器设计与仿真研究［J］. 山东大学学报，2009，2（1）：57-63.

［135］马红雨，苏剑波，刘成刚. 基于耦合自抗扰控制器的无标定手眼协调［J］. 系统工程与电子技术，2003，25（11）：1385-1388.

［136］周黎妮，唐国金，李海阳. 航天器姿态机动的自抗扰控制器设计［J］. 系统工程与电子技术，2007，29（12）：2122-2126.

［137］周明，孙树栋. 遗传算法原理及应用［M］. 北京：国防工业出版社，2005.

［138］张付祥，付宜利，于树国. 基于遗传算法的多 PID 控制器参数整定［J］. 制造业自动化，2005，27（5）：1-2.

［139］Ho H F, Wong Y K, Rad A B. Adaptive fuzzy sliding mode control design：Lyapunov approach［C］. 5th Asian Control Conference, Melbourne, Australia, 2004, 3：1502-1507.

［140］Moghaddam J J, Bagheri A. An adaptive neuro-fuzzy slidingmode based genetic algorithm control system for under water remotely opera-ted vehicle［J］. Expert Systems with Applications, 2010, 37（1）：647-660.

［141］Xin W L. Stable adaptive fuzzy control of nonlinear systems［J］. IEEE Transaction on Fuzzy systems, 1993, 1（2）：146-155.

[142] Xin W L. A Course in Fuzzy System and Control [M]. Prentice‐Hall, Upper Saddle River, NJ, 1997.

[143] 赵希梅, 郭庆鼎. 为提高轮廓加工精度采用 DOB 和 ZPETC 的直线伺服鲁棒跟踪控制 [J]. 电工技术学报, 2006, 21 (5): 111-114.

[144] 孙立宁, 崔晶, 曲东升, 等. 基于离散型扰动观测器的直线电机控制研究 [J]. 机械工程学报, 2004, 40 (12): 164-167.

[145] 张小华, 刘慧贤, 丁世宏, 等. 基于扰动观测器和有限时间控制的永磁同步电机调速系统 [J]. 控制与决策, 2009, 24 (7): 1028-1032.

[146] Kim B K, Chung W K. Advanced design of disturbance observer high performance motion control systems [C]. Proc of the American Control Conf. Anchorage, 2002: 2112-2117.

[147] Ishikawa J, Tomizuka M. Anovel add‐on compensator for cancellation of pivot nonlinearities in hard disk drives [J]. IEEE Trans on Magnetics, 1998, 34 (4): 1895-1897.

[148] Ryoo J R, Jin K B, Moon J H, et al. Track‐following control using a disturbance observer with asymptotic disturbance rejection in high‐speed optical disk drivers [J]. IEEE Trans on Consumer Electronics, 2003, 49 (4): 1178-1185.

[149] 梅志千, 刘有德, 李向国. SCARA 机器人关节伺服系统中的干扰补偿控制 [J]. 机床与液压, 2007, 35 (7): 149-152.

[150] Komada S, Machii N, Hori T. Control of redundant manipulators considering order of disturbance observer [J]. IEEE Trans on Industrial Electronics, 2000, 47 (2): 413-420.

[151] 张元涛, 石为人, 邱明伯. 基于非线性干扰观测器的减摇鳍滑模反演控制 [J]. 控制与决策, 2010, 25 (8): 1255-1260.

[152] Do K D, Jiang Z P, Pan J. Robust and adaptive path following for underactuated autonomous underwmer vehicles [J]. Odean engineering, 2004, 31 (16): 1967-1997.

[153] Do K D, Pan J. Global robust adaptive path following of underactuated ships [J]. Automatica, 2006, 42 (10): 1713-1722.

[154] Asadi M., Khayatian A. Adaptive Backstepping Autopilot for Way‐

point Tracking Control of a Container Ship in the presence of Time-varying Disturbances [J]. Preprints of the 18th IFAC World Congress Milano (Italy), 2011: 14760-14765.

[155] Jawhar Ghommam, Faical Mnif, Khaled Metwally. Backstepping Technique for tracking control of an underactuated surface vessel with unmeasured thruster dynamic [C]. Proceedings of the 17th World Congress The International Federation of Automatic Control Seoul, Korea, 2008: 2323-2329.

[156] Do K D, Jiang Z P, Pan J. Underactuated ship global tracking under relaxed conditions [J]. IEEE Transactions on Automatic Control, 2002, 47 (9): 1529-1536.

[157] Do K D, Pan J. Global tracking control of underactuated ships with nonzero off-diagonal terms in their system matrices [J]. Automatica, 2005, 41 (1): 87-95.

[158] 周岗, 姚琼荟, 陈永冰, 等. 不完全驱动船舶直线航迹控制稳定性研究 [J]. 自动化学报, 2007, 33 (4): 376-384.

[159] 李铁山, 杨盐生, 郑云峰. 不完全驱动船舶航迹控制输入输出线性化设计 [J]. 系统工程与电子技术, 2004, 26 (7): 945-980.

[160] 李铁山, 杨盐生, 郑云峰. 不完全驱动船舶非线性控制 [J]. 交通运输工程学报, 2003, 3 (4): 39-43.

[161] 潘永平, 黄道平, 孙宗海. 欠驱动船舶航迹 Backstepping 自适应模糊控制 [J]. 控制理论与应用, 2011, 28 (7): 907-914.

[162] 周岗, 姚琼荟. 基于输入输出线性化的船舶全局直线航迹控制 [J]. 控制理论与应用, 2007, 24 (1): 117-121.

[163] Moreira L., Fossen T. I., Soares G. Path following control system for a tanker ship model [J]. Ocean Engineering, 2007, 34: 2074-2085.

[164] Even Bφrhaug, Pavlov A, Pettersen K. Y. Integral LOS Control for Path Following of Underactuated Marine Surface Vessels in the Presence of Constant Ocean Currents [J]. Proceedings of the 47th IEEE Conference on Decision and Control Cancun, Mexico, 2008: 4984-4991.

[165] Fossen T. I., Breivik M., Skjetne R. Line-of-sight path following

of underactuated marine craft ［C］. In Proceedings of the 6th IFAC MCMC, Girona, Spain, 2003.

［166］ Skjetne R., Smogeli N, Fossen T. I. A nonlinear ship manoeu -
vering model: Identification and adaptive control with experiments for
a model ship ［J］. Modeling, Identification and Control, 2004, 25
（1）: 3-27.